TREINE SUA MENTE

Dados Internacionais de Catalogação na Publicação (CIP)
(Câmara Brasileira do Livro, SP, Brasil)

Treine sua mente : exercícios para memória / (orgs.) Juan Carlos Medina... [et al.] ; tradução de Beatriz Silveira Castro Filgueiras. – Petrópolis, RJ : Vozes, 2023. – (Coleção Exercite a sua mente)

Vários autores.

Outros organizadores; Adrià Allué, Rosa García Melero, Eva Ribas

Título original: Entrena tu mente

ISBN 978-65-5713-783-3

1. Disciplina mental 2. Memória (Psicologia) I. Medina, Juan Carlos. II. García Melero, Rosa. III. Ribas, Eva. IV. Série.

22-125698 CDD-153.12

Índices para catálogo sistemático:

1. Memória : Psicologia 153.12

Cibele Maria Dias – Bibliotecária – CRB-8/9427

TREINE SUA MENTE

Exercícios para memória

Tradução de Beatriz Silveira Castro Filgueiras

EDITORA VOZES

Petrópolis

Tikal Ediciones
C/Campezo, 13 – 28022 Madrid

Tradução realizada a partir do original em espanhol intitulado *Entrena tu mente – Ejercicios para entrenar la memoria.*

Direitos de publicação em língua portuguesa – Brasil:
2023, Editora Vozes Ltda.
Rua Frei Luís, 100
25689-900 Petrópolis, RJ
www.vozes.com.br
Brasil

Editoração: Maria da Conceição B. de Sousa
Diagramação: Sheilandre Desenv. Gráfico
Revisão gráfica: Alessandra Karl
Capa: Renan Rivero

ISBN 978-65-5713-783-3 (Brasil)
ISBN 978-84-9928-481-1 (Espanha)

Este livro foi composto e impresso pela Editora Vozes Ltda.

Esta obra coletiva contou com as colaborações de Juan Carlos Medina (psicólogo), Adrià Allué (professor e psicólogo), Rosa García Melero (professora e psicóloga) e Eva Ribas (diagramação e seleção de ilustrações), sob a supervisão de Lucas Riera (Mental Training Program).

SUMÁRIO

INTRODUÇÃO

Este é um livro para todas aquelas pessoas que desejam manter sua mente afiada e em boa forma, e não apenas lutar contra a perda de suas habilidades. Muito pelo contrário: querem estimulá-las e aumentá-las.

As habilidades cognitivas do ser humano são como as habilidades físicas: se não forem exercitadas, podem enfraquecer e, com o passar dos anos, podem inclusive causar outros problemas. Este livro, como parte do Programa Mente em Forma, busca permitir que o leitor desenvolva, através de certos exercícios, algumas habilidades como a memória, a atenção, a psicomotricidade e os conceitos de espaço e tempo.

Geralmente, quando chegamos a uma certa idade, descobrimos que é mais difícil lembrar de acontecimentos passados, ou memorizar algumas informações, ou talvez até raciocinar de forma rápida. Muitas vezes, colocamos a culpa no passar dos anos (é a idade, dizemos a nós mesmos) e nos resignamos com a perda gradual de algumas das habilidades que nos definiam e, ao mesmo tempo, que nos permitiam aproveitar a vida em toda a sua intensidade.

Embora seja verdade que os anos enfraquecem nossas habilidades mentais, também é verdade que aqueles que exercitam suas mentes, que treinam suas habilidades e não desistem com o tempo, mantêm uma cabeça afiada..

Assim como uma pessoa que chega à maturidade após muitos anos de exercício físico constante é muito diferente de outra que nunca praticou esportes, também é verdade que existem diferenças enormes entre quem não parou de exercitar suas habilidades mentais e aqueles que adotaram uma atitude passiva e resignada.

Forçar um pouco as nossas habilidades, colocar-nos à prova, tentar superar nossos limites todos os dias só nos faz bem e nos garante que os próximos anos serão mais plenos.

Todos nós, em algum momento, pensamos: “Esta pessoa tem uma mente brilhante... e já tem bastante idade”. Prêmios Nobel e cientistas, grandes pensadores, artistas, líderes corporativos, escritores, empresários... têm uma idade avançada e, no entanto, têm uma clareza mental que lhes permite permanecer em seus cargos, contribuindo de forma brilhante com aquilo se espera deles. Claro, algumas dessas pessoas têm um nível mental muito acima da média, mas, em muitos casos, elas não são superdotadas: simplesmente, treinaram suas mentes para perceber, memorizar, raciocinar e tomar decisões.

Da mesma forma, este livro não pretende dotar as pessoas de poderes mentais superlativos, mas oferecer uma forma de manter e, em alguns casos, de melhorar as habilidades cognitivas.

Este livro não é destinado a pessoas que sofrem de deficiências ou doenças associadas a disfunções mentais ou neurodegenerativas. É possível que alguns dos exercícios contidos aqui possam ser utilizados por profissionais de psicologia, psiquiatria ou neurociência como um método complementar de algum tratamento personalizado, mas esta obra não tem, de forma alguma, essa pretensão.

Assim como o leitor pode seguir um programa geral de treinamento físico para fortalecer seus músculos, manter suas articulações saudáveis ou aguçar seus sentidos – embora esse programa não vá curá-lo ou trazer alívio, caso ele sofra de uma doença –, este livro servirá para manter sua mente saudável e em boa forma, mas, em hipótese alguma, ele substitui a contribuição de um profissional, caso você sofra ou ache que sofra de um distúrbio específico.

Este programa é inspirado no Mental Training Program e baseia o seu desenvolvimento no princípio de que o uso e o exercício constante de todas as nossas habilidades mentais melhora a qualidade de vida de pessoas de todas as idades.

Elaborados por profissionais da psicologia e da aprendizagem, os livros que compõem o programa se dividem em seis grandes seções: memória, atenção, cálculo mental, raciocínio lógico, linguagem, e psicomotricidade e percepção espacial. Cada seção contém 25 exercícios.

De forma sistemática, cada um dos capítulos se desdobra para exercitar conceitos relacionados e aspectos parciais e complementares ao foco principal da seção. Por exemplo, você verá que o capítulo dedicado à memória contém testes de memória de curto prazo, memória biográfica, memória semântica etc. Ou que, no de raciocínio lógico, há exercícios práticos sobre a habilidade de abstração e associação.

Buscamos garantir que os exercícios propostos em todos os livros incluam diferentes níveis de dificuldade, para que você possa exercitar gradualmente cada uma de suas habilidades.

COMO USAR ESTE LIVRO

Em primeiro lugar, recomendamos que você seja um pouco metódico ao fazer os exercícios. Não adianta fazer 20 exercícios no mesmo dia e depois abandonar o livro por semanas. É muito mais eficaz que você defina uma quantidade aproximada de exercícios diários e tenha uma dedicação constante.

Tente, se possível, dedicar sempre a mesma hora do dia para trabalhar com o livro. Decida quando você se sente melhor e marque na sua rotina diária o melhor momento para se exercitar.

É importante que você aborde os exercícios de forma positiva, com espírito esportivo. Se algum exercício estiver mais difícil, não desista; tente novamente até conseguir... ou deixe para amanhã, mas não desista. É muito importante não desanimar caso você não consiga completar qualquer um dos exercícios.

Você pode fazer os exercícios deste volume na sequência em que são apresentados, com seis blocos de habilidades mentais, ou fazer um ou mais exercícios de cada um dos capítulos por dia.

Use caneta ou lápis. Não hesite em riscar, rabiscar, escrever, rasurar... este livro foi feito não só para ser lido, mas principalmente para ser usado.

Alguns exercícios incluem um relógio no enunciado; isso significa que você deve fazê-los em um tempo determinado que será indicado para você de forma clara. A instrução também pode indicar que é você quem deve anotar o tempo que gastou. Se você não conseguir acertar o exercício no tempo indicado, tente novamente até conseguir. É surpreendente ver como a mente se ativa quando precisamos fazer algo em pouco tempo.

De vez em quando, de forma aleatória, você encontrará algumas pequenas seções em destaque que chamamos de "Desafios". Eles não são exatamente exercícios como os outros porque não podem ser feitos no livro, nem nos momentos em que você decidiu se dedicar a este livro. Os desafios são pequenos testes que você pode fazer ao longo do dia e que o ajudarão a se desafiar.

No final do livro, você encontrará as respostas para os exercícios. Recomendamos que você verifique a resposta somente quando tiver concluído o exercício. Não busque a resposta para entender melhor o enunciado ou para saber se você está indo bem enquanto ainda faz o exercício.

EXERCÍCIOS DE **MEMÓRIA**

1. Associe cada item com o recipiente de lixo doméstico em que ele deve ser colocado:

A B C D E

1. Jornais velhos.
2. Caixas de leite/sucos.
3. Garrafas de cerveja.
4. Rolhas de cortiça.
5. Latas de tinta.
6. Caixas de papelão.
7. Sacolas de plástico.
8. Bandejas de isopor.
9. Óleo usado.
10. Embalagem de ovos.
11. Recipiente de vidro.
12. Garrafas de vinho.
13. Restos de comida.
14. Lâmpadas.
15. Revistas velhas.
16. Latas de alumínio.
17. Pó de café usado.
18. Restos de plantas.
19. Latas de aerossol vazias.
20. Eletrodomésticos velhos.

2. Memorize por dois minutos as seguintes associações de nomes com frases ou expressões que te ajudarão a se lembrar deles:

1. Amélia: a melhor.
2. Elvira: eu vira aquele homem antes.
3. Emílio: é milho.
4. Vera: ver a paisagem.
5. Armando: armando um golpe.
6. Dora: trabalhadora.
7. Henrique: enriquecedor.
8. Estêvão: este vão.
9. Eugênio: eu gênio.
10. Amanda: a mão dá.
11. Érica: é rica.
12. Olavo: cozinho ou lavo.
13. Ernesto: é honesto.
14. Vanda: vândalos.
15. Juraci: jura que sim.

Agora escreva o nome que corresponde a cada associação:

1. Armando um golpe: ________
2. A melhor: ________
3. Jura que sim: ________
4. Enriquecedor: ________
5. Vândalos: ________
6. É milho: ________
7. Cozinho ou lavo: ________
8. Eu vira aquele homem antes: ________
9. É honesto: ________
10. Eu gênio: ________
11. É rica: ________
12. Ver a paisagem: ________
13. A mão dá: ________
14. Trabalhadora: ________
15. Este vão: ________

MEMÓRIA

3. Encontramos na caixa de correio o folheto de um supermercado. Memorize-o e responda às perguntas abaixo:

1. Quantos produtos estão anunciados no folheto?

2. Quantos produtos estão em oferta? Quais são eles?

3. Qual é o produto mais barato? Você se lembra do preço?

4. Há algum produto que não seja alimento? Qual?

5. Há quantos produtos enlatados?

6. Quantos legumes e verduras? Quais?

7. Quantos produtos de origem animal?

4. Memorize as imagens abaixo por 2 minutos e depois responda às perguntas.

1. Quantos esportes estão nas imagens?

2. Há algum esporte que seja praticado em pares?

3. Algum símbolo se refere à natação?

4. Algum dos esportes é praticado com um animal?

5. Algum símbolo se refere ao tênis de mesa?

6. Algum esporte é praticado no mar?

7. Qual esporte não exige que o atleta se desloque?

8. Qual ou quais esportes começam com a letra "h"?

5. Mostramos novamente as imagens do exercício anterior, mas desta vez trocamos algumas delas por outras novas. Circule as imagens que se repetem, marque com um X as que foram introduzidas e escreva ou desenhe as que foram substituídas.

6. Cada estação do ano está associada a sensações e memórias específicas. Pensando no verão, escreva:

Três aromas que lembram esta estação:

____

____

____

Três frutas:

____

____

____

Três bebidas:

____

____

____

Três insetos:

____

____

____

Três ruídos/sons:

____

____

____

O verão tem "três cores"?

____

____

____

7. Coloque pelo menos cinco produtos em cada uma das partes da geladeira:

Congelados:
1.
2.
3.
4.
5.

Legumes e verduras:
1.
2.
3.
4.
5.

Laticínios:
1.
2.
3.
4.
5.

Peixe:
1.
2.
3.
4.
5.

Bebidas:
1.
2.
3.
4.
5.

Carne:
1.
2.
3.
4.
5.

Frutas:
1.
2.
3.
4.
5.

Embutidos:
1.
2.
3.
4.
5.

8. Marque com um X as imagens que não correspondem à palavra:

MARTELO

BOLA

PORCA

GUARDA-CHUVA

RATO

COLHER

AVIÃO

QUEIJO

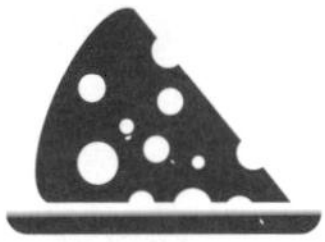

MOTO

BICICLETA

LIVRO

TIGELA

MANGUEIRA

QUARTO

MALA

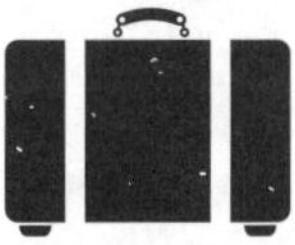

PÁSSARO

CAMALEÃO

FLAUTA

APITO

PASTOR

9. Forme ditados populares a partir dos fragmentos abaixo:

1. COM QUEM ANDAS, QUEM ÉS

2. COBRA, PICADO

3. OBEDECE, MANDA, JUÍZO

4. OLHOS, REFRESCO, PIMENTA

5. VAZIO, PARA, SACO

6. DESCE, TUDO, SOBE

7. PÁSSARO, MÃO, VOANDO

8. LADRA, NÃO, CÃO

10. Memorize as peças de dominó por dois minutos e depois responda às perguntas da próxima página.

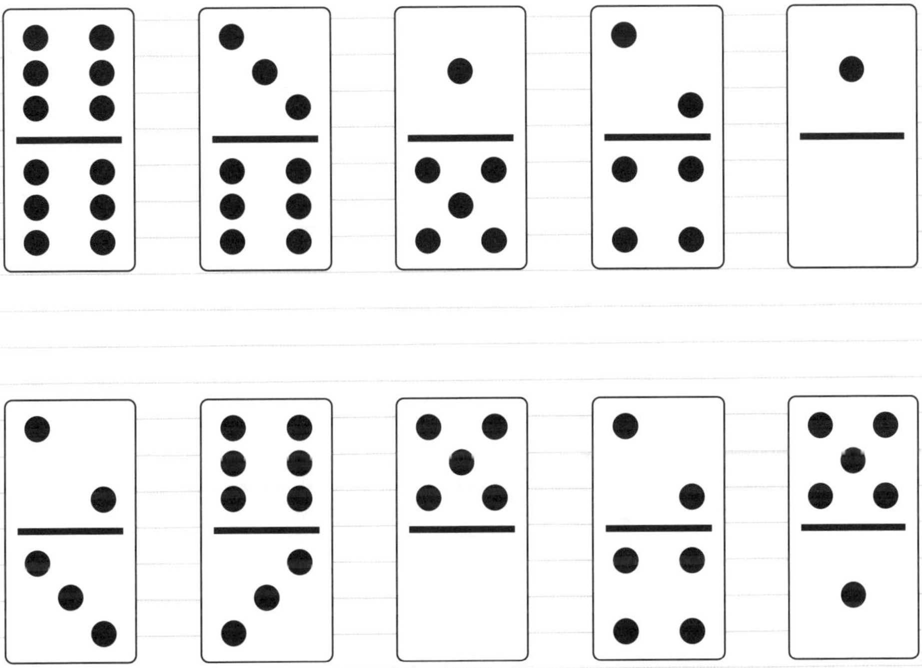

DESAFIOS

Faça uma lista de cheiros que indicam perigo e outra lista de cheiros que indicam algo agradável. Qual lista é maior?

Agora, com um lápis, preencha as peças incompletas:

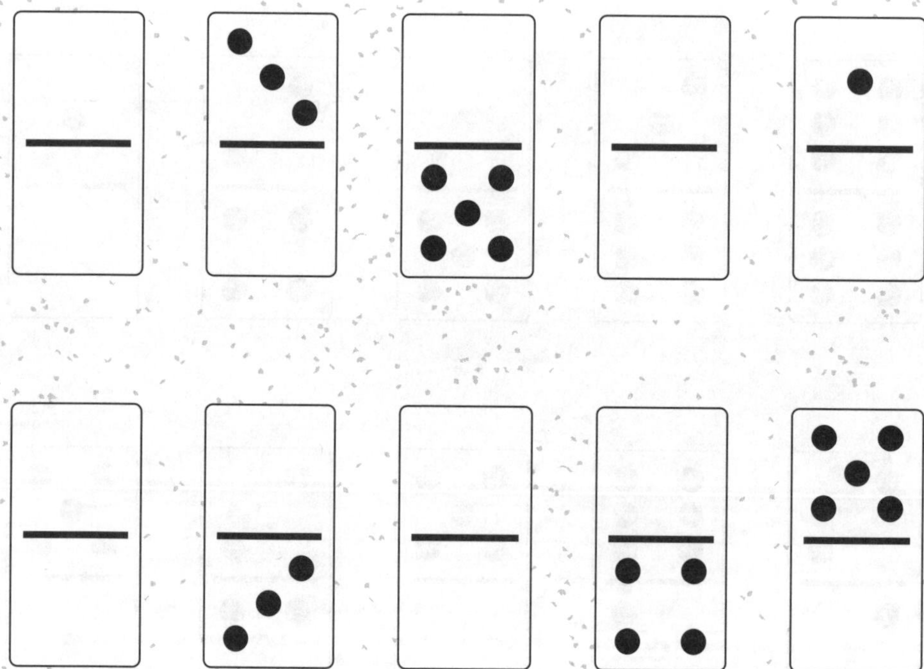

DESAFIOS

Substantivos, verbos, adjetivos... Imagine que você precisa abrir mão de uma dessas categorias para sempre. Qual você eliminaria? Por quê?

11. Leia em voz alta o texto a seguir:

Fred passa a bola para Renato, que faz um autopasse e dribla dois jogadores, avança, tenta passar para Sandro Soares, mas Raul, rápido como um raio, rouba a bola dele. Raul inverte para o lado direito, onde Manu recebe, mas Jorge faz o corte, afasta a bola e é arremesso lateral. Manu cobra o arremesso, passa para Toni, Toni devolve para Manu, Manu chuta a bola para o centro do campo. Não há ninguém lá e Fred recupera a bola, chuta para o lado esquerdo, Renato recebe e passa para Sandro Soares, Sandro chuta, que chutaço, senhores; a bola bate no travessão.

Agora, escreva o texto, fazendo as devidas substituições. Não consulte as equivalências que você memorizou.

Manu = Maria
Fred = Laura
Sandro Soares = Susana Sousa
Bola = Pedra
Arremesso = Golpe
Lado = Canto
a = 1

Em seguida, leia o texto novamente, mas fazendo as substituições que você memorizou. Não consulte as equivalências que você memorizou.

12. Memorize os adjetivos abaixo por um minuto:

1. SAUDÁVEL
2. DESINFETADO
3. NUBLADO
4. QUEBRADO
5. PÁLIDA
6. LIMPO
7. LEVADO
8. ALTA
9. CHEIA
10. TRISTE
11. HILÁRIO

Agora, sem olhar, complete as frases a seguir com um dos adjetivos que você memorizou:

A. O céu amanheceu totalmente ______________________.

B. Seu espetáculo de comédia é ______________________.

C. Ontem encontrei o José e ele estava muito ______________________.

D. Um espelho ______________________ dá azar.

E. Ontem à noite, a lua ______________________ estava espetacular.

F. Com este produto, o banheiro ficará ______________________ e ______________________.

G. Ela tem a pele muito ______________________.

H. Esse cachorro é muito ______________________.

I. A fruta é um alimento muito ______________________.

J. Sua temperatura está muito ______________________; chame o médico.

13. Uma técnica para memorizar palavras é elaborar histórias com elas. Por exemplo, para lembrar as palavras QUEIJO, MOCHILA, CUIDADO, TERRA, podemos inventar uma história como: Ao guardar o QUEIJO dentro da MOCHILA, tome CUIDADO para que não caia TERRA nele. Invente uma história com as palavras abaixo. Você deve respeitar a ordem em que elas aparecem:

1. ANJO	MAÇÃ	ARMAZÉM	CORAÇÃO
2. JANELA	CRIANÇA	VERDE	GERENTE
3. ATUM	MADEIRA	POÇO	MOEDAS
4. ÔNIBUS	MODERNO	CALCANHAR	VACA
5. QUADRICULADO	PRISIONEIRO	FURACÃO	FINLÂNDIA

1.

2.

3.

4.

5.

14. Observe atentamente e memorize os relógios abaixo por dois minutos. Depois, responda às perguntas:

1. Quantos relógios são?
2. Algum relógio marca 12 horas em ponto?
3. Quantos relógios são digitais?
4. O relógio que marca nove e cinco é analógico ou digital?
5. Quantos relógios marcam exatamente três horas?
6. Quantos relógios marcam oito e dois da manhã?
7. Algum relógio marca 10:28?
8. O relógio que marca quinze para uma, é analógico ou digital?

15. No penúltimo exercício propomos que você elaborasse histórias com séries de quatro palavras respeitando a ordem em que elas apareciam. Agora vamos lhe mostrar as palavras fora de ordem. Você deverá se lembrar das histórias que elaborou para poder recolocá-las na ordem:

1. MAÇÃ	ARMAZÉM	CORAÇÃO	ANJO
2. JANELA	VERDE	CRIANÇA	GERENTE
3. POÇO	ATUM	MADEIRA	MOEDAS
4. MODERNO	CALCANHAR	ÔNIBUS	VACA
5. QUADRICULADO	FINLÂNDIA	FURACÃO	PRISIONEIRO

1.

2.

3.

4.

5.

16. Repasse mentalmente tudo o que você comeu ontem e anote os detalhes de cada refeição:

No café da manhã:

Lanche da manhã:

No almoço:

Lanche da tarde:

No jantar:

17. Memorize por dois minutos a equivalência entre letras e imagens abaixo:

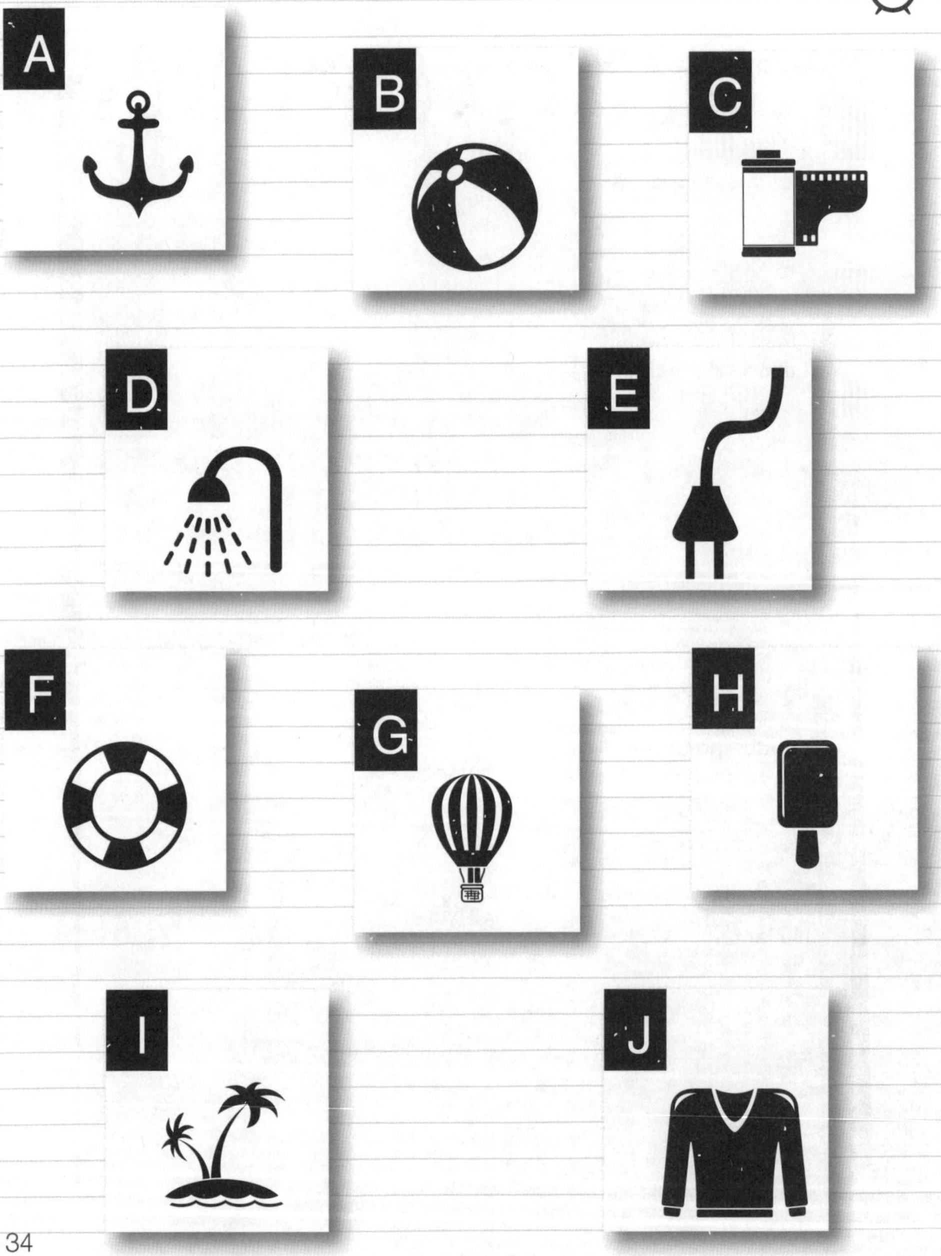

Agora transforme as palavras abaixo em imagens. Desenhe em cada quadrado a imagem correspondente ou, se preferir, escreva o nome da imagem.

DIA

CADA

CHEGA

BEIJA

AGACHA

FECHA

MEMÓRIA

18. No exercício anterior, mostramos a seguinte equivalência entre letras e imagens:

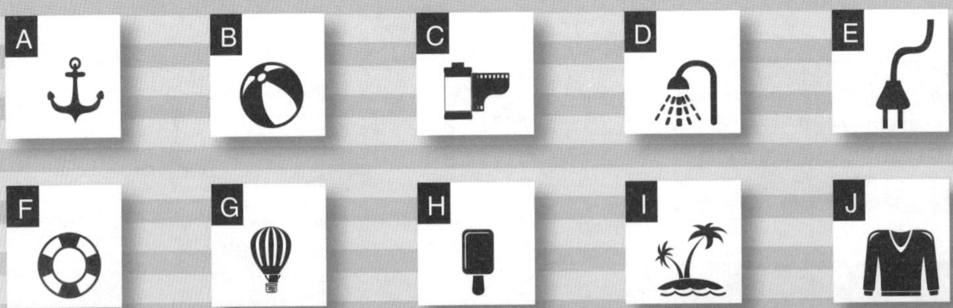

Observe-as mais uma vez por um minuto e, em seguida, transforme as imagens em letras para obter as três palavras:

19. Sublinhe as oito palavras cujas letras aparecem em ordem alfabética:

ANTES FLOR MONTE BEZERRO

PRECISA MOSTEIRO FILHA FINO

ANDA BELOS CÁLICE

ARTE AZAR

ALFABETO CRUZ DEDO

CHIPS

RIMA AMNÉSIA HINO

AMOR

CABEÇA HINOS HOMEM

Agora, sem olhar, escreva de memória as oito palavras que você sublinhou.

1. 5.

2. 6.

3. 7.

4. 8.

MEMÓRIA

20. Memorize os símbolos do zodíaco por dois minutos e depois vá para a próxima página.

Áries

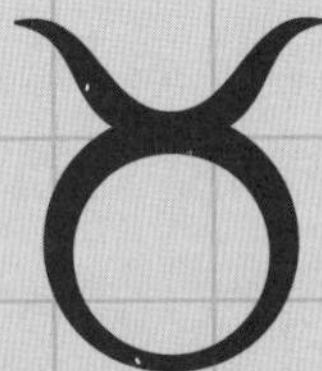
Touro

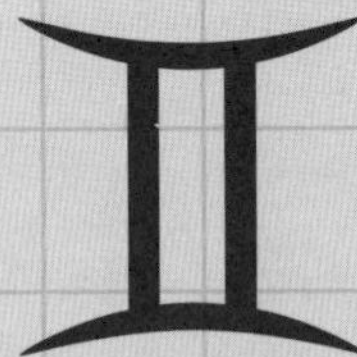
Gêmeos

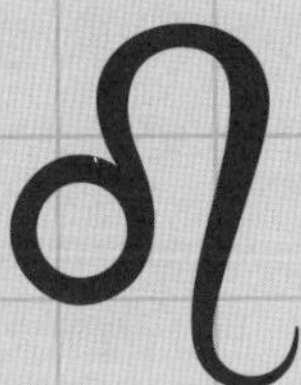
Leão

Virgem

Libra

DESAFIOS

Com os braços cruzados, gire a mão direita no sentido horário e a esquerda no sentido anti-horário.

Agora veja a imagem abaixo:

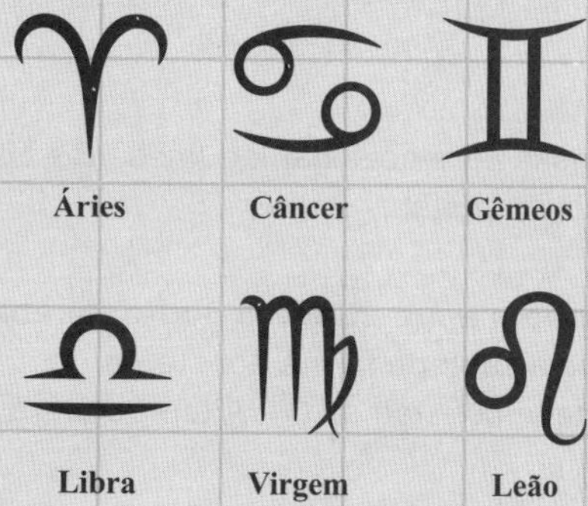

1. *Há alguma mudança em relação à imagem anterior? Quantas?*

2. *O símbolo de Gêmeos estava na imagem anterior?*
   Se não, qual símbolo ele substituiu?

3. *E o símbolo de Câncer também estava?*
   Se não, qual ele substituiu?

4. *Quais símbolos permanecem na mesma posição?*

5. *Quantos símbolos totalmente assimétricos havia antes?*

6. *Os símbolos de Leão e Libra mudaram de posição?*

7. *Quais signos do zodíaco não estão em nenhuma das imagens?*

MEMÓRIA

21. Responda às perguntas abaixo o mais rápido possível:

1. O que é um *e-book*?
A – Uma panela típica chinesa para cozinhar legumes. B – Um livro sobre eletrônica. C – Um livro digital.

2. O que acontece quando a água atinge o ponto de ebulição?
A – A temperatura continua a subir de forma constante.
B – A temperatura permanece constante. C – A temperatura cai de forma constante.

3. Qual é a última letra do alfabeto grego?
A – Ômega. B – Lambda. C – Psi.

4. As Bodas de Ouro são comemoradas aos...
A – 25 anos. B – 40 anos. C – 50 anos.

5. Bebida alcoólica típica do Japão:
A – Saquê. B – Grappa. C – Karkanji.

6. Qual a função da retina?
A – Transformar impulsos sonoros em elétricos. B – Regular a quantidade de luz que entra no olho contraindo a íris. C – Enviar informações para o cérebro através do nervo óptico.

7. Um poliedro com quatro faces é um:
A – Quadrado. B – Tetraedro. C – Cubo.

8. Qual é o estilo arquitetônico das principais igrejas de Ouro Preto?
A – Gótico. B – Românico. C – Barroco.

9. A fórmula química do dióxido de carbono é:
A – CH_3. B – CO_2. C – H_2O.

10. Quantos anos tem uma década?
A – Doze. B – Quinze. C – Dez.

22. Abaixo apresentamos pares de adjetivos. Encontre um conceito que se encaixe a ambos.

1. Úmido e quente:
2. Fria e cristalina:
3. Quente e amargo:
4. Fumacento e tóxico:
5. Macia e leve:
6. Frio e calculista:
7. Intensa e insuportável:
8. Frio e borbulhante:
9. Cabisbaixo e pensativo
10. Alegre e cativante:
11. Saboroso e apetitoso:
12. Difícil e complicado:

23. Memorize a série de símbolos abaixo por dois minutos. Observe atentamente a ordem em que estão e a posição que ocupam.

Agora, sem olhar a série que você memorizou, tente encontrá-la entre as cinco opções abaixo.

A 

B 

C 

D 

E 

24. Escreva o que precisa ser feito para preparar um café para os convidados:

O que você precisa:

Onde está cada coisa:

Quais são os passos a seguir e em que ordem:

25. Memorize as palavras abaixo por dois minutos. Observe atentamente a ordem e a posição que elas ocupam.

Tenaz	Egresso	Noruega
Dado	Este	Néctar
Carlos	Isopor	Aba

Agora, sem olhar, responda às perguntas abaixo:

1. Quais iniciais se repetem mais vezes?

2. Algum país é citado?

3. Que palavra ocupa a posição central do quadro?

4. Alguma palavra contém a letra "z"?

5. Há algum nome próprio?

6. Há alguma palavra de três letras?

7. Qual palavra está à esquerda de Noruega?

8. Que palavra é formada com as iniciais de cada palavra, seguindo a ordem da esquerda para a direita e de cima para baixo?

DESAFIOS

Leia uma notícia mais ou menos longa do jornal e tente fazer um resumo mental. Em seguida, faça um esquema com os 5 pontos mais importantes, sem usar lápis ou papel. Depois, confira na notícia original se você não se esqueceu de nada importante.

Quando andamos na rua ou dirigimos estamos expostos a inúmeros estímulos visuais. Conte todos os painéis publicitários e letreiros luminosos que você vê em sua rota mais comum.

EXERCÍCIOS DE **ATENÇÃO**

ATENÇÃO

26. Leia atentamente o nome dessas cidades e siga as instruções:

- Sublinhe a vogal que aparece mais vezes.
- Circule as consoantes que aparecem menos vezes.
- Encontre as cidades que não têm nenhuma das letras que procuramos.

Budapeste

Madri

Lisboa

Moscou

Londres

Munique

Paris

Los Ângeles

Dublin

Bogotá

Amsterdã

Helsinki

Roma

Viena

Atenas

Buenos Aires

ATENÇÃO

27. Colorir, no menor tempo possível, os dois triângulos, círculos e quadrados ligeiramente maiores do que os demais.

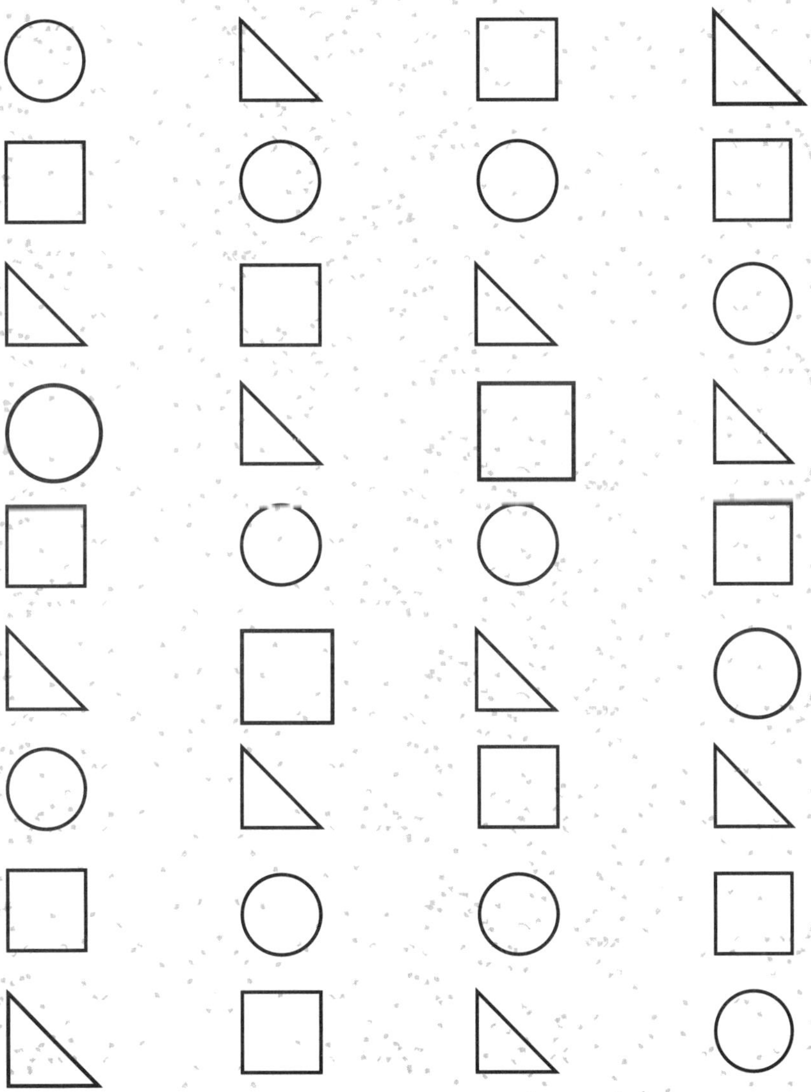

ATENÇÃO

28. Escreva os nomes dos objetos em ordem alfabética.

ATENÇÃO

29. Relembre os algarismos romanos. No espaço correspondente, escreva a letra que falta nos números romanos e descubra a palavra secreta.

EXEMPLO:

4 = V → 4 = IV = a letra que falta é I.

1	I	6	VI	11	XI	20	XX	70	LXX
2	II	7	VII	14	XIV	30	XXX	90	XC
3	III	8	VIII	15	XV	40	XL	100	C
4	IV	9	IX	18	XVIII	50	L	500	D
5	V	10	X	19	XIX	60	LX	1000	M

1. 1780 MCCLXXX ⟶
3. 3400 MMMMD ⟶
4. 83 LXXXII ⟶
5. 2800 MDCCC ⟶

___ É ___ ___ ___ O

1 2 3 4 5 6

ATENÇÃO

30. No menor tempo possível, encontre no mapa as cidades indicadas.

Lobelville, Portland, Springfield, Charlotte, Dixon, Oakwood.

DESAFIOS

Você conhece o jogo Batalha Naval? Jogue várias partidas. Se você não tiver nenhum disponível, poderá criar o seu.

31. No menor tempo possível, encontre e anote quantas vezes a palavra MILHA aparece. Marque também a palavra que se repete mais vezes.

TELHA PALHA PALHA

MALHA TELHA MILHA

VELHA

PILHA PALHA TELHA MALHA

MALHA PILHA TELHA

PALHA

VELHA TELHA PALHA

PILHA

VELHA MILHA PILHA

MALHA VELHA PALHA

VELHA MALHA PALHA

ATENÇÃO

32. Encontre as três cadeiras semelhantes à amostra e circule a única que é exatamente igual.

33. Localize essas séries na matriz abaixo:

4	2	4
5	7	8

8	9
1	5

4	8
6	6

7	4
5	6
1	8

4 6 7 6 4 6 6 4 4 7 6 2 8 1 5 3 2 3 3 5

5 6 8 4 3 9 1 5 3 8 2 7 6 4 2 4 7 4 7 9

9 4 5 4 7 3 2 6 7 3 3 3 1 5 7 8 6 1 7 8

1 2 3 7 5 7 4 2 2 5 8 9 1 1 3 1 4 5 9 0

3 6 0 9 7 1 2 6 8 3 5 0 8 6 9 2 5 4 1 1

6 7 8 7 1 8 4 8 9 2 6 3 9 7 4 5 6 3 4 3

4 4 7 5 0 4 6 1 5 6 9 4 2 0 5 6 7 6 8 2

8 3 4 3 9 6 7 9 6 7 2 6 0 9 2 7 5 7 5 4

3 2 3 6 4 9 5 5 2 9 4 4 6 2 4 3 3 3 8 5

2 6 1 8 5 0 4 3 8 8 6 7 3 5 5 5 3 2 0 6

9 7 4 9 2 1 3 6 5 2 5 1 5 3 7 7 3 7 2 5

8 5 6 0 3 4 7 7 3 1 4 4 8 4 3 8 1 5 3 7

7 1 8 7 6 3 6 6 4 0 3 6 6 1 2 9 5 7 6 4

2 3 6 5 1 6 5 4 7 5 5 3 7 7 6 6 7 9 4 9

4 4 8 4 0 7 7 5 1 7 7 4 2 5 7 5 4 0 1 0

ATENÇÃO

34. Forme pares com as ilustrações abaixo:

35. Circule as imagens indicadas abaixo.

- O objeto que está entre duas garrafas de vinho.
- O utensílio que está em cima do escorredor.
- O objeto que está abaixo das duas xícaras de chá.
- A imagem que está acima da luva de cozinha com o desenho de uma flor.
- O objeto localizado à direita da jarra de suco.
- Você viu algum objeto repetido? Identifique-o com uma seta.

ATENÇÃO

36. Numere de 1 a 5, em ordem decrescente, as cinco penas menores.

ATENÇÃO

37. Escreva em ordem alfabética o primeiro nome de 10 pessoas que você conhece.

1.
2.
3.
4.
5.
6.
7.
8.
9.
10.

Agora escreva seus sobrenomes em ordem alfabética inversa.

1.
2.
3.
4.
5.
6.
7.
8.
9.
10.

ATENÇÃO

38. Coloque os símbolos < e > entre os números. Observe o exemplo:

$$4<6<12>8$$

8 □ 11 □ 14 □ 9 □ 23

□ 17 □ 10 □ 4 □ 1 □ 3

□ 115 □ 119 □ 80 □ 54

□ 6 □ 37 □ 43 □ 26 □

14 □ 7 □ 239 □ 206 □

15 □ 3 □ 90

ATENÇÃO

39. Indique a primeira letra do alfabeto que aparece em cada uma das séries de letras abaixo.

1. noqtvzihjrnmohsrulshqxw

2. gilhngqfhjimnojklnmfqofphfk

3. hilmcopqzdjecwisoioplcsvnxwf

4. tuvtyxvzywxzyvyyxtvwxtwzy

1.

2.

3.

4.

ATENÇÃO

40. Observe os desenhos a seguir. Escreva seus nomes no lugar correspondente de acordo com o número de letras que eles têm.

5 LETRAS	6 LETRAS	7 LETRAS

41. Ligue as figuras, seguindo a ordem círculo-quadrado-triângulo. Você pode se mover da direita para a esquerda, da esquerda para a direita e de cima para baixo. Você tem que chegar ao círculo cinza. Não é preciso passar por todas as figuras.

ATENÇÃO

42. Marque, no menor tempo possível, todas as palavras que contêm a série COL.

Meticuloso, colagem, caldo, calma, chocolate, papoula, colocar, culpa, colchão, bucólico, capital, agrícola, talco, cálculo, melancolia, antológico, colapso, escolar, polaco, político, culto, caracol, cobra, psicologia, calor, protocolo, cultivar, acolhida, descolar, escatológico, odontologia, coleção.

43. Trace um caminho de pontos. Para encontrá-lo, a cada passo, você deve somar mais um ponto em cada quadrado. Faça isso o mais rápido possível. Nós lhe indicamos o início.

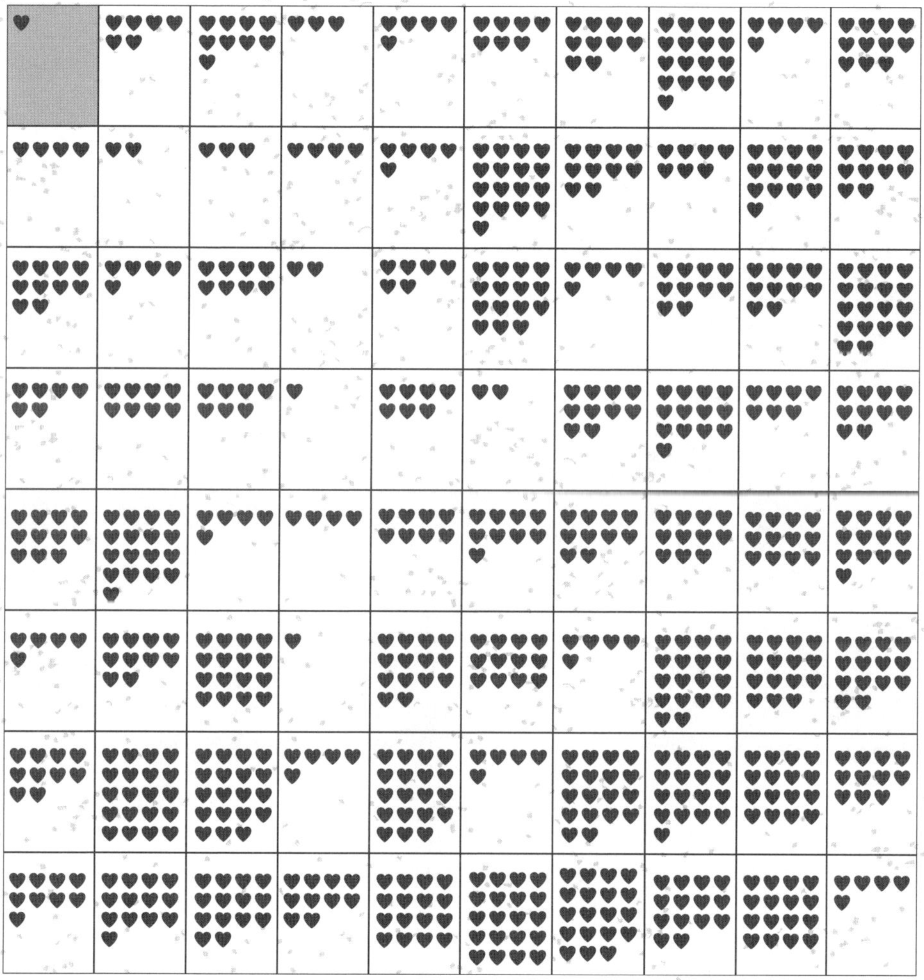

ATENÇÃO

44. Observe atentamente a foto da Piccadilly Circus, em Londres. Em seguida, sem olhar a imagem, escreva todos os anúncios que você viu na foto em um minuto.

45. Colorir as áreas onde um coração, uma estrela e uma lua se sobrepõem.

ATENÇÃO

46. Que palavras diferentes estão nesta página? Encontre-as e anote-as no menor tempo possível.

MAR MAR NORTE MAL

LUZ VEZ CARO VEZ

TALO

VER BOJO MAL RETO TOLO

MAL

CARO RETO TALO NORTE

TALO

CARO LUZ TOLO

BOJO MAL

POLO MAR

RETO NORTE BOJO

VEZ

LUZ

TOLO NORTE TOLO

POLO

BOJO POLO PÓLO VER

VEZ

TALO VER CARO VER

LUZ

ATENÇÃO

47. Identifique, no menor tempo possível, qual das palavras abaixo não possui um desenho dentro da matriz.

APONTADOR, DIÁRIO, LUMINÁRIA, COMPUTADOR, BOLA, PINCEL, SORVETE, TELESCÓPIO, CARRO, CORAÇÃO, SAPATO, EDIFÍCIO, ÓCULOS, ESQUADRO, MICROSCÓPIO, CAVALETE, CADEIRA, COFRINHO, PLANETA, HAMBÚRGUER.

ATENÇÃO

48. Decifre a mensagem de Albert Einstein que apresentamos abaixo, utilizando os seguintes códigos:

A B C D E F G H I J K L M N

O P Q R S T U V W X Y Z

ATENÇÃO

49. Desenhe um folheto promocional de viagens que seja atraente, detalhando as seguintes informações:

Destino. Datas de ida e de volta. Preço (indicar preço por pessoa). O que está incluído no preço (passagem aérea, hospedagem, excursões, meia pensão, traslados). Nome da empresa. Informações de contato.

ATENÇÃO

50. Forme pares com os nomes de homens e mulheres em cada coluna, levando em consideração que eles devem ter as mesmas vogais, ainda que em número diferente.

Elba	Ricardo
Eunice	Ramon
Mercedes	Guilherme
Rosário	Lucas
Leonor	Pepe
Cristina	Estêvão
Lola	Pedro
Úrsula	Alex
Carmem	Ivan

DESAFIOS

Escreva os seguintes desafios numéricos em um *post-it* e distribua-os pela casa. Quando encontrar um deles, você deve resolvê-lo naquele momento.

- Relembre três tabuadas de multiplicação.
- Encontre 10 operações que tenham como resultado 105.
- Calcule o dobro da sua idade; eleve ao quadrado e ao cubo.

Obtenha um mapa de uma cidade que você nunca visitou. Anote três circuitos turísticos possíveis. Inspire-se para conhecê-los em um futuro não muito distante!

12
+25

EXERCÍCIOS DE **CÁLCULO MENTAL**

CÁLCULO MENTAL $\begin{array}{r}12\\+25\\\hline\end{array}$

51. Você conhece os aritmogramas? São jogos que misturam letras com palavras. Seguindo a legenda, substitua as vogais das frases a seguir por números, faça a soma e anote o resultado no menor tempo possível.

A=1
E=2
I=3
O=4
U=5

1. Francamente, minha querida, eu não dou a mínima =
2. Tenho a impressão de que não estamos mais no Kansas =
3. Que a força esteja com você =
4. Sempre teremos Paris =

DESAFIOS

Com os olhos fechados, imagine que você está caminhando por sua loja favorita. Imagine todos os lugares por onde você passa e tente focar nos detalhes.

52. Complete as figuras e resolva as operações abaixo.

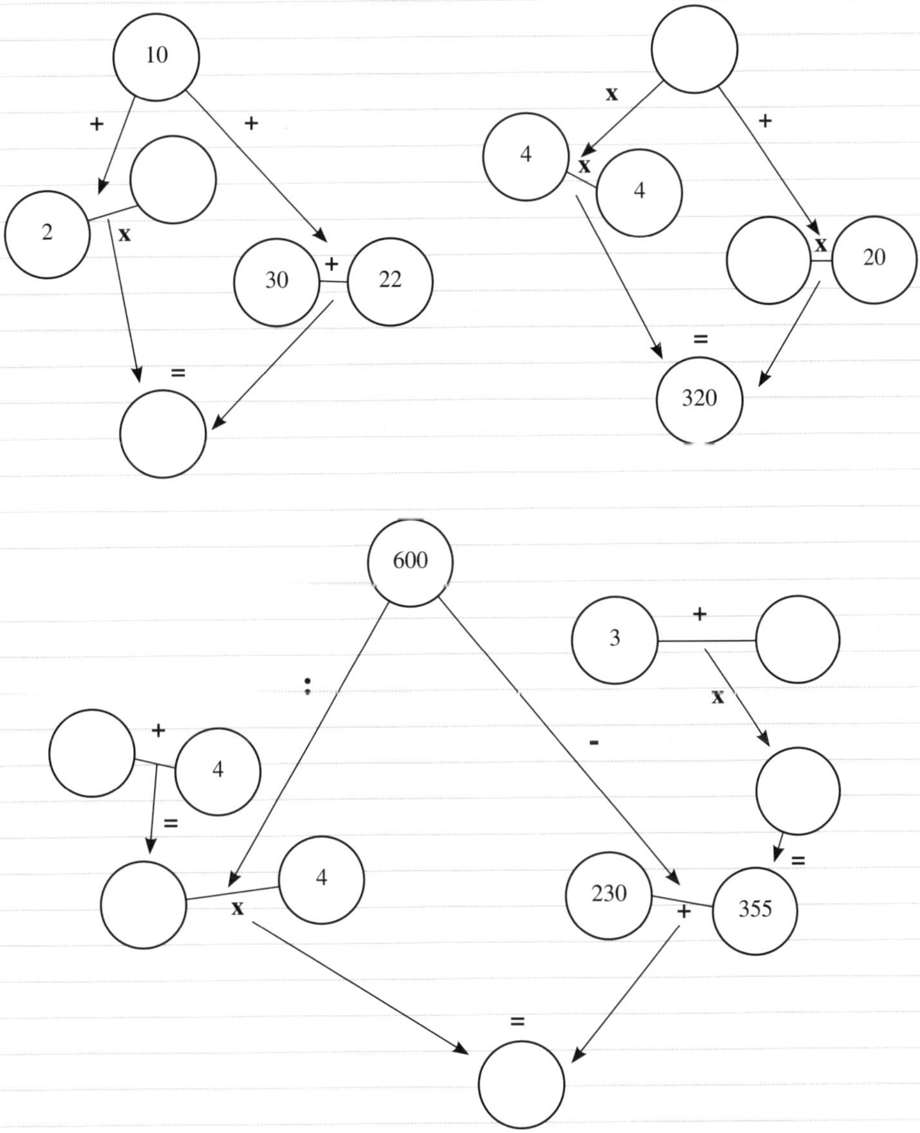

CÁLCULO MENTAL 12 +25

53. Você conhece os quadrados mágicos? Ao somar os números de cada linha, coluna e diagonal você deve obter o mesmo resultado. Complete o quadrado abaixo.

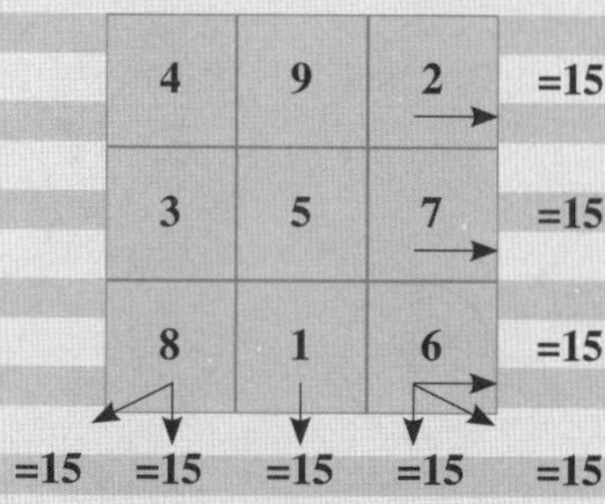

20	7		17
	14	15	
13	10		16
8		18	

54. Complete as séries abaixo:

1 393, 396, 399, ______________________________
______________________________ 465

2 113, 123, 133, ______________________________
______________________________ 273

3 229, 225, 221, ______________________________
______________________________ 165

4 1099, 1199, 1299, ______________________________
______________________________ 2299

5 1221, 1219, 1217, ______________________________
______________________________ 1197

55. Resolva os problemas abaixo no menor tempo possível:

1. Ontem fui à cidade N; na ida, viajei a uma velocidade média de 70km/h e, na volta, de 40km/h. Qual foi a velocidade média que alcancei durante toda a viagem?

2. Quanto leite eu bebo em uma semana se, todos os dias, eu bebo uma média de 1,5l?

3. Uma aula dura meia hora. Quantas aulas de meia hora eu assisto por dia se eu entro às 9 e saio às 5, considerando que tenho duas horas livres ao meio-dia?

4. Gasto R$ 1.200,00 por mês na minha hipoteca. Eu poderia alugar meu apartamento por R$ 755,00 por mês. Em quanto ficaria a minha despesa mensal com moradia?

56. Anote o troco que você receberá em cada caso, ao comprar os seguintes itens:

1. Luvas de R$ 22,54 com uma nota de R$ 50,00.

2. Um par de tênis de R$ 62,99 com R$ 70,00.

3. Um CD de música de R$ 21,72 com R$ 30,00.

4. Uma luminária de R$ 85,60 com uma nota de R$ 100,00.

5. Um porta-retratos de R$ 12,40 com uma nota de R$ 20,00.

6. Uma colcha de R$ 83,12 com R$ 90,00.

7. Um casaco de R$ 160,50 com uma nota de R$ 200,00.

57. Complete as pirâmides abaixo, considerando que o número de uma casa é a soma dos números nas casas inferiores:

Exemplo:

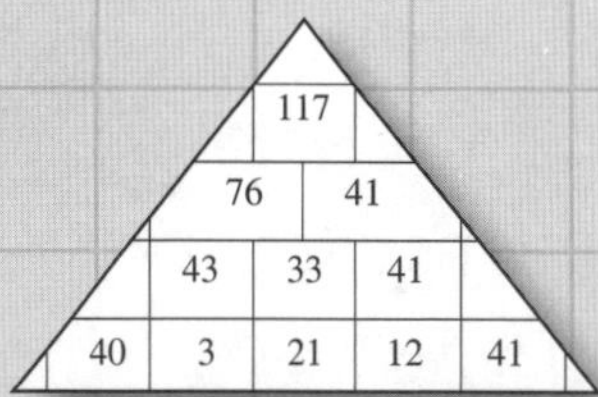

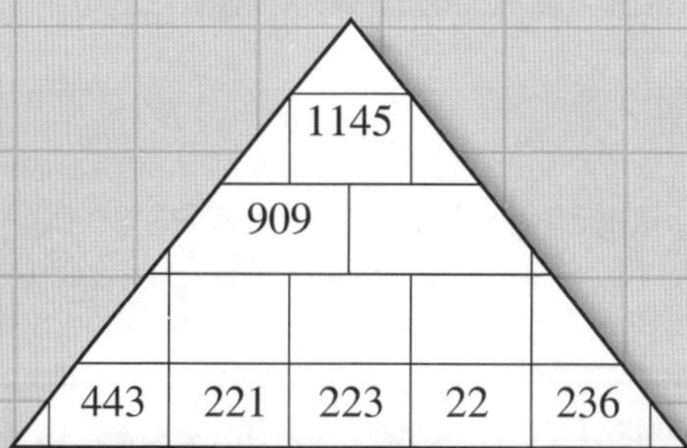

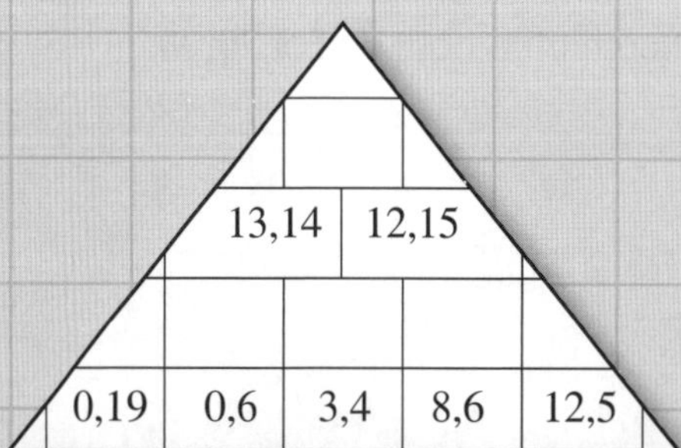

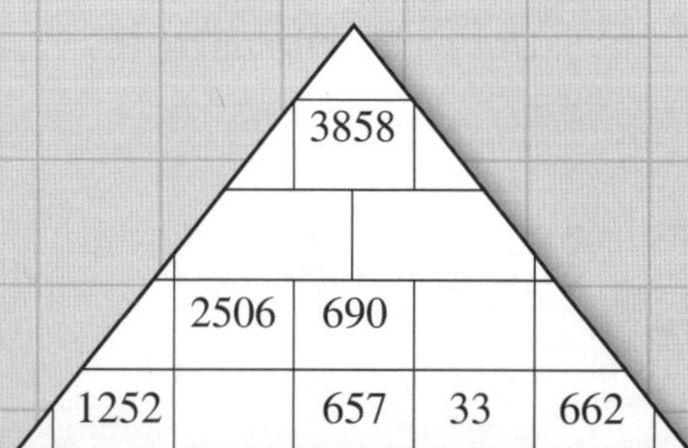

58. Colorir de preto as casas cujos números são divisíveis por 3 e de cinza as casas cujos números são divisíveis por 4. Atenção: em alguns casos, um número pode ser divisível por 3 e por 4. Alguns números que não pertencem a nenhum grupo.

9	42	7	4	28	49	27
22	9	31	3	37	30	36
47	16	34	24	25	32	24
62	15	8	2	6	11	40
20	23	12	13	35	51	21

DESAFIOS

Pegue lápis ou canetas de várias cores e um pedaço de papel. Ouça a sua música favorita e desenhe, deixando-se levar por seus sentimentos.

CÁLCULO MENTAL $\begin{array}{r} 12 \\ +25 \\ \hline \end{array}$

59. Resolva as operações abaixo.

94.546,23 + 325,32

3.526,135 − 2313,23

7.372,12 − 1234

7.238,34 X 32

3.525 : 5

60. Ligue cada soma ao seu resultado. Lembre-se de que uma fração é uma divisão.

2340/10 – 230 /10 =	**20.128**
25/5 + 935/5 + 20/5 +125/5 =	**211**
3522/2 + 32910/ 2 + 3824/2 =	**9.121**
38812 /4 – 2328/4 =	**221**

DESAFIOS

Assista a um filme ou série de TV e anote todos os personagens principais e secundários que aparecem.

61. Encontre na sopa de números o resultado das operações que apresentamos abaixo:

3 X 2	44 + 22
543 + 25	21 + 87
55 + 75	23 - 43
14 + 24	23 - 54
30 X 2	12 X 4
15 X 5	21 X 3
70 + 120	45 - 25
33 + 54	14 - 6

43	568	55	108	8	99	31	64
199	2	13	114	560	97	66	40
46	-20	14	221	6	15	20	34
20	68	33	-31	31	7	190	-32
72	102	62	38	27	18	19	39
90	64	11	60	45	23	-82	61
5	130	89	30	67	48	75	143
474	87	98	49	63	-14	3	230

62. Complete as operações abaixo com o símbolo adequado (+, -, x, :) ou com o número que falta, no menor tempo possível.

$45 \; \square \; 9 = 36$	$67 - 8 = \square$
$56 + \square = 62$	$99 + 10 = \square$
$60 \times 3 = \square$	$210 - \square = 97$
$25 \; \square \; 5 = 5$	$70 \; \square \; 80 = 150$
$10 \; \square \; 10 = 100$	$55 - 25 = \square$
$42 \; \square \; 9 = 51$	$32 - 10 = \square$
$34 + \square = 46$	$12 \; \square \; 3 = 36$
$23 - \square = 8$	$36 \; \square \; 7 = 29$
$14 \times 2 = \square$	$18 : 3 = \square$
$7 - \square = -7$	$63 - \square = -10$

12
+25

63. Calcule as diferenças horárias, com base nas horas indicadas abaixo:

Entre Nova York e Londres:

Entre Sidnei e Tóquio:

Entre Frankfurt e Hong Kong:

Entre São Paulo e Frankfurt:

Entre Nova York e Sidnei:

Entre São Paulo e Tóquio:

64. Circule o nome das cidades cujo número de letras seja ímpar.

Barcelona

Rio de Janeiro

Nova York

Roma

Londres

Tóquio

Moscou

Veneza

São Paulo

Istambul

Buenos Aires

Berlim

Paris

Lisboa

Singapura

Los Angeles

Cidade do México

65. Calcule a distância que os pilotos de MotoGP percorreram no circuito de Indianápolis, considerando que a extensão do circuito é de 4.170m:

Piloto 1: 8 voltas:

Piloto 2: 3 voltas:

Piloto 3: 5 voltas:

Piloto 4: 2 voltas:

Piloto 5: 4 voltas:

66. Você conhece a propriedade associativa da adição? Ela pode ser muito útil para o cálculo mental.

7 + 3 + 4 = (7 + 3) + 4 = 7 + (3 + 4) = 7 + 7= 14

Ligue as operações equivalentes no menor tempo possível.

8 + 4=	10 + 9
6 + 3 + 8 + 5=	10 + 10 + 8
2 + 5 + 9 + 3=	10 + 10 + 5
8 + 6 + 9 + 5=	10 + 10 + 2
9 + 3 + 5=	10 + 4
4 + 7 + 3=	10 + 2
8 + 3 + 5 + 9=	10 + 7

DESAFIOS

Você se lembra dos primeiros programas de televisão que assistiu? Tente se lembrar do seu favorito.

67. Some todos os resultados pares da tabela no menor tempo possível.

2 + 4 =	8 - 6 =
12 : 4 =	24 : 4 =
19 - 6 =	14 + 3 =
4 x 3 =	36 : 4 =
4 x 4 =	12 - 7 =
6 + 23 =	9 x 3 =
5 - 1 =	42 : 6 =
12 + 6 =	24 : 4 =

Resultado:

68. Calcule rapidamente 25% dos números a seguir.

25%

40	
36	
488	
7.420	
16	

92	
8.460	
76	
432	
508	

Quando lemos em voz alta, nossos olhos "correm" mais do que nossa dicção. Selecione qualquer texto de um livro ou revista e leia em voz alta como se estivesse fazendo um discurso. Você deve olhar para cima de vez em quando, como se estivesse olhando para a plateia, mas sem parar de recitar o texto.

69. Nesta sopa de letrinhas matemática você deve procurar as palavras que apresentamos. Abaixo, você verá que apresentamos 26 números, e cada número tem uma letra associada a ele. Atenção! Os números da sopa de letrinhas estão representados por meio de operações matemáticas.

A = 1	B = 2	C = 3	D = 4	E = 5	F = 6	G = 7
H = 8	I = 9	J = 10	K = 11	L = 12	M = 13	N = 14
O = 16	P = 17	Q = 18	R = 19	S = 20	T = 21	U = 22
V = 23	W = 24	X = 25	Y = 26	Z = 27		

Procure as seguintes palavras:

TCHAU, LIVRO, ADEUS, SORTE

50 - 15	16 - 6	12 + 9	18 : 3	14 + 16	3 x 7	11 + 4
7 + 8	30 : 3	4 x 7	12 + 8	60 : 20	4 x 9	9 + 12
10 x 2	11 x 2	16 + 9	11 x 2	9 : 3	27 : 9	35 - 34
10 + 12	27 : 3	26 : 13	45 : 9	18 + 9	8 + 5	16 - 12
6 + 6	27 : 3	26 : 13	44 - 25	8 x 2	10 : 2	108 : 12
8 - 3	27 : 3	3 x 2	56 - 35	27 : 3	9 - 8	55 - 39
35 : 5	26 : 2	6 + 8	45 - 40	7 x 2	9 + 12	40 : 2
10 - 2	7 + 9	26 - 14	7 - 6	33 : 3	14 + 10	30 - 3

70. Se somarmos todos os números de cada triângulo, em qual deles encontramos a maior soma? Faça o exercício no menor tempo possível.

A

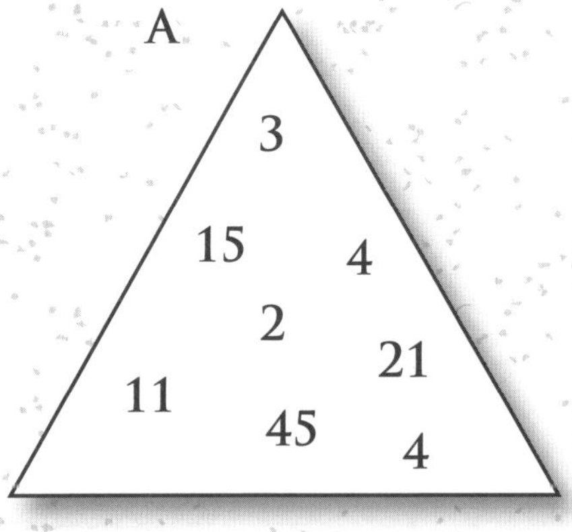

B

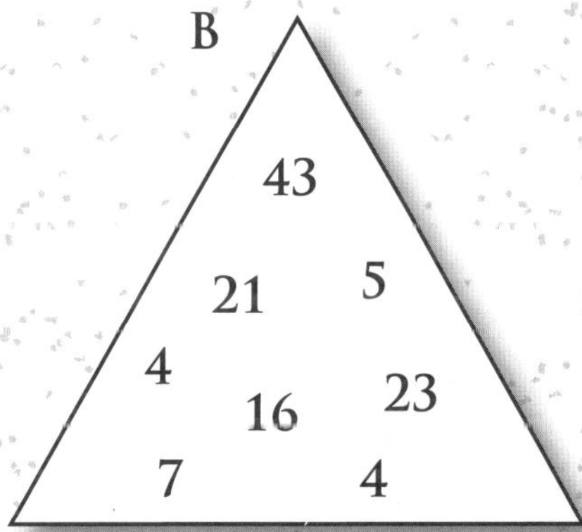

C

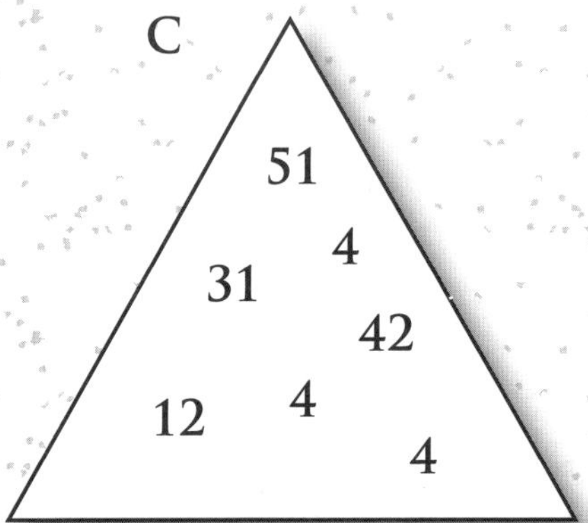

71. Observe as adições abaixo. Você deve trocar um número de cada operação de modo que todas tenham o mesmo resultado. Após as alterações serem feitas, a soma dos resultados deve ser 105.

12 + 4 + 11 + 8 + 2	☐
7 + 6 + 9 + 17	☐
10 + 5 + 14	☐
	105

DESAFIOS

Multiplique por 4 todos os números que você ver hoje.

72. Observe as seguintes séries de 6 números. Fazendo operações entre eles, você deve obter o número 1 como resultado.

Exemplo:

783341 = 8 - 7 = 1, 3 : 3 = 1, 4 - 1 =3 ⟶ 1 + 1 =2 ⟶ 3 - 2 = 1

642571

993157

918326

228564

165364

CÁLCULO MENTAL

$$\begin{array}{r} 12 \\ +25 \\ \hline \end{array}$$

73. Observe os 4 quadrados, desenhe o dobro de triângulos e a metade de círculos. Marque com um X o número de triângulos igual ao triplo do número de círculos.

Observe os 2 losangos e desenhe o dobro de retângulos e o triplo de pentágonos. Marque com um X o número de retângulos igual à metade dos pentágonos.

74. A unidade básica para medir o comprimento é o metro. Abaixo, lembramos as equivalências:

1km = 10hm = 100dam = 1.000m = 10.000dm = 100.000cm = 1.000.000mm

Observe as conversões abaixo. Indique o mais rápido possível se são km, hm, dam...

7km	600m	80.000mm
700	6	80
700.000	0,6	8.000
7.000	6.000	8

DESAFIOS

Você acaba de chegar em casa com a compra da semana. Pese cada produto e ordene o conteúdo da sua compra de acordo com o peso.

CÁLCULO MENTAL

75. Todos os números nos círculos devem somar o valor indicado no centro.

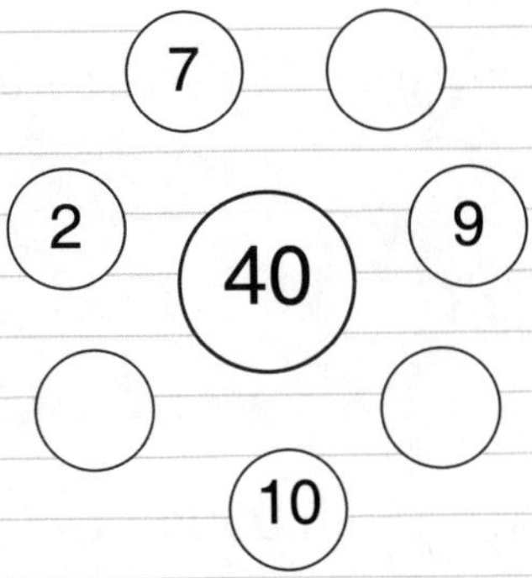

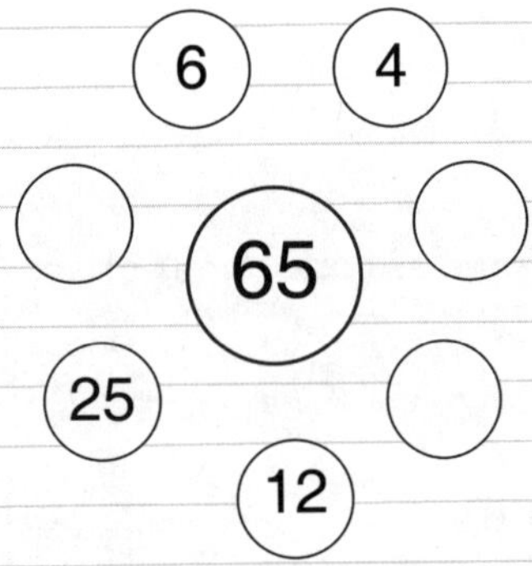

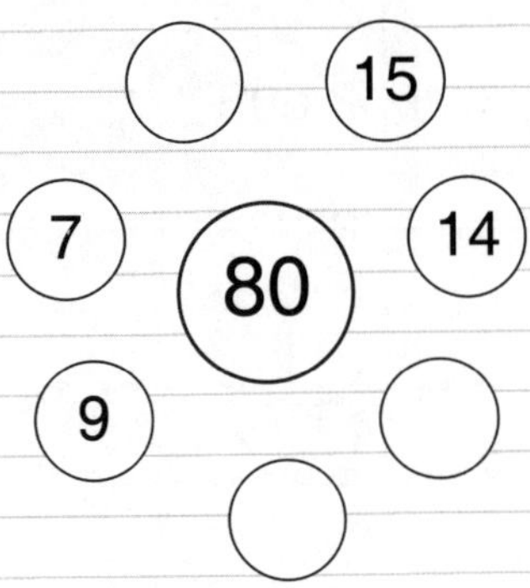

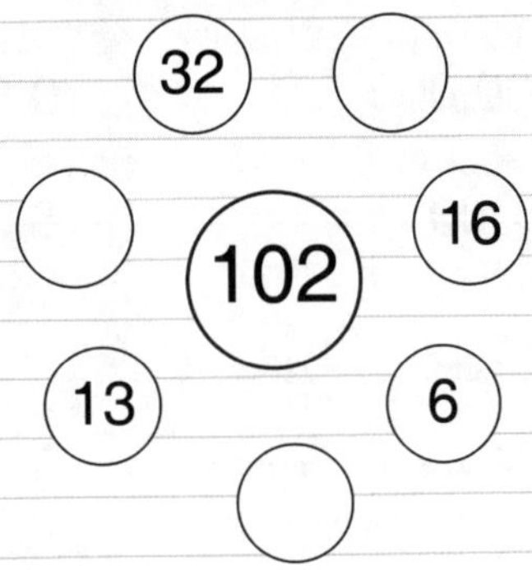

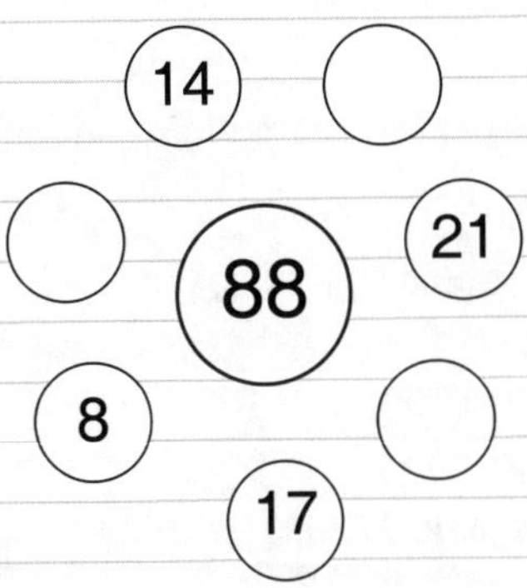

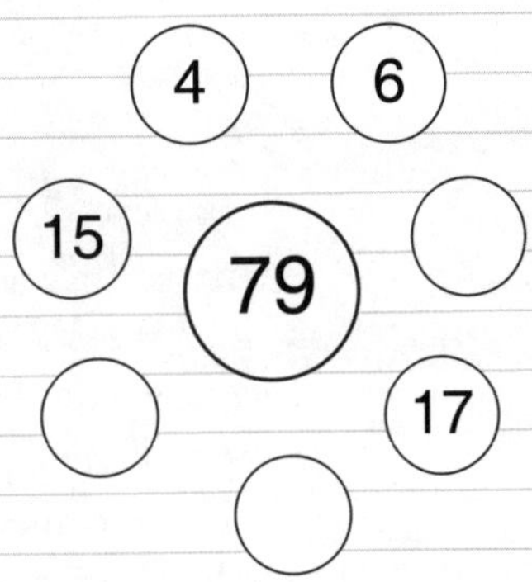

DESAFIOS

Brinque, por um tempo, de fazer cálculos mentais com coisas do dia a dia. Se você estiver em casa, calcule o número de livros em uma prateleira, quantas garrafas cabem na geladeira ou quantos botões há no controle remoto da TV. Verifique se você acertou.

Algumas rotinas são boas porque nos permitem automatizar as ações diárias e, portanto, não precisamos prestar atenção a elas. Por exemplo, é bom e prático que amarrar os cadarços seja um ato rotineiro. Que outras rotinas você pratica durante o dia?

1-2-3-4-5

EXERCÍCIOS DE **LÓGICA**

 1-2-3-4-5

76. Ligue com uma seta o elemento da segunda coluna necessário para realizar a ação da primeira coluna.

1. Pegar um livro na biblioteca pública.
2. Registrar-se em um município.
3. Identificar-se à polícia ou a qualquer órgão público ou privado.
4. Ir a um clube privado.
5. Visitar um país estrangeiro.
6. Dirigir um carro.
7. Ir ao teatro.
8. Passear no parque.
9. Declarar o Imposto de Renda.
10. Utilizar o transporte público.
11. Consultar um médico do posto de saúde.
12. Assinar um contrato para começar a trabalhar.

A. Cartão do SUS.
B. Carteira de sócio.
C. Cartão de empréstimo.
D. Documento de identidade
E. Carteira de habilitação.
F. Nada.
G. Dinheiro ou passagem.
H. Ingresso.
I. Declaração de retenções.
J. Passaporte.
K. Contrato de aluguel ou escritura do imóvel da residência atual.
L. Cartão ou número da Previdência Social.

1-2-3-4-5

77. Classifique hierarquicamente, do maior para o menor:

	TEMA
	PARÁGRAFO
	SEÇÃO
	LINHA
	FRASE
	SUBTEMA
	ÁREA
	SUBSEÇÃO
	PALAVRA

78. Qual opção completa a série?

3 pera	11 papel	19 ágil	???	35 atos

a 27 mesas

b 27 útil

c 37 mesas

d 39 útil.

79. Marque com um X as palavras que não têm relação com MARIPOSA:

PARAÍSO, ASPIRA, PISARAM,
PARAMOS, RAPAMOS,
PRONTO, ASPIRAM, AIROSA,
SARAMPO, ARAMOS,
MARCAS, PASSADO,
MARIDO, POSARAM, ROMPIA,
PRIMA, AMPARO, PRIMOS,
RAMPAS, PAIRAMOS,
PIAMOS, OPRIMAS,
SOMARIA, PRISMA

 1-2-3-4-5

80. Os cozinheiros do colégio universitário A Irmandade estão organizando o cardápio da semana. Classifique os pratos abaixo, identificando se eles são uma entrada, um prato principal ou uma sobremesa:

1. Creme de alho-poró
2. Banana
3. Sopa fria
4. Pernil com batatas
5. Pavê
6. Atum marinado
7. Salada russa
8. Gelatina
9. Caldo verde
10. Salada mista
11. Bife à milanesa
12. Iogurte
13. Sardinha frita
14. Pudim
15. Peixe assado
16. Salada verde
17. Arroz-doce
18. Sopa de legumes
19. Maçã
20. Frango grelhado
21. Carne de panela

ENTRADAS	PRATOS PRINCIPAIS	SOBREMESAS

81. Identifique cada talher com a imagem correspondente:

A. Garfo e faca de carne.

B. Concha de servir sopa.

C. Pá para servir tortas.

D. Colher de sobremesa.

E. Garfo e faca de peixe.

F. Colher de café.

G. Garfo para fatiar carne.

H. Colher de sorvete.

I. Garfo e faca de mesa.

J. Talheres de salada.

82. Decifre os hieróglifos abaixo:

1. Inseto indesejado sem asas, de 2 a 5mm de comprimento, que gosta de ficar na parte do corpo onde pensamos:

2. Parte do trabalho do arqueólogo:

3. Som agradável; canção.

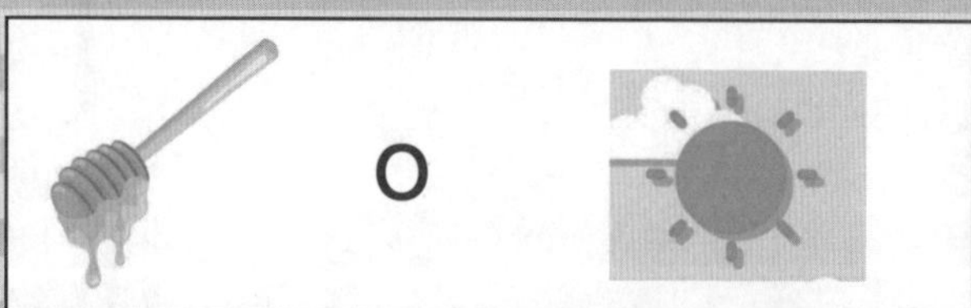

83. Responda às perguntas abaixo com "Verdadeiro" ou "Falso" o mais rápido possível:

	VERDADEIRO	FALSO
1. 20 minutos após a meia-noite é o mesmo que 100 minutos antes das 2h da manhã.	☐	☐
2. Se virarmos de cabeça para baixo um relógio analógico que marca 3h, ele mostrará 9:30h.	☐	☐
3. Se virarmos de cabeça para baixo um relógio digital que marca 10:01h, ele mostrará 01:10h.	☐	☐
4. A letra "G" está à mesma distância do início do alfabeto que a letra "T" está do final.	☐	☐
5. 5 minutos antes da meia-noite é o mesmo que 30 minutos antes das 00:35h.	☐	☐
6. Se invertemos um relógio analógico que marca 2:45h, o ponteiro dos minutos ficará do lado direito.	☐	☐
7. Se invertemos um relógio analógico que marca 13:25h, ele mostrará 19:05h.	☐	☐
8. A letra "E" está à mesma distância da letra "H" que a letra "M" está do "O".	☐	☐

84. Solucione os enigmas ou charadas a seguir:

1. São dez horas da noite e Alberto está sentado confortavelmente no sofá lendo um livro. Sua esposa não o viu e apagou a luz da sala, deixando-o na escuridão total. Mas ele nem se importou e continua lendo, entusiasmado, o seu livro. Como isso é possível?

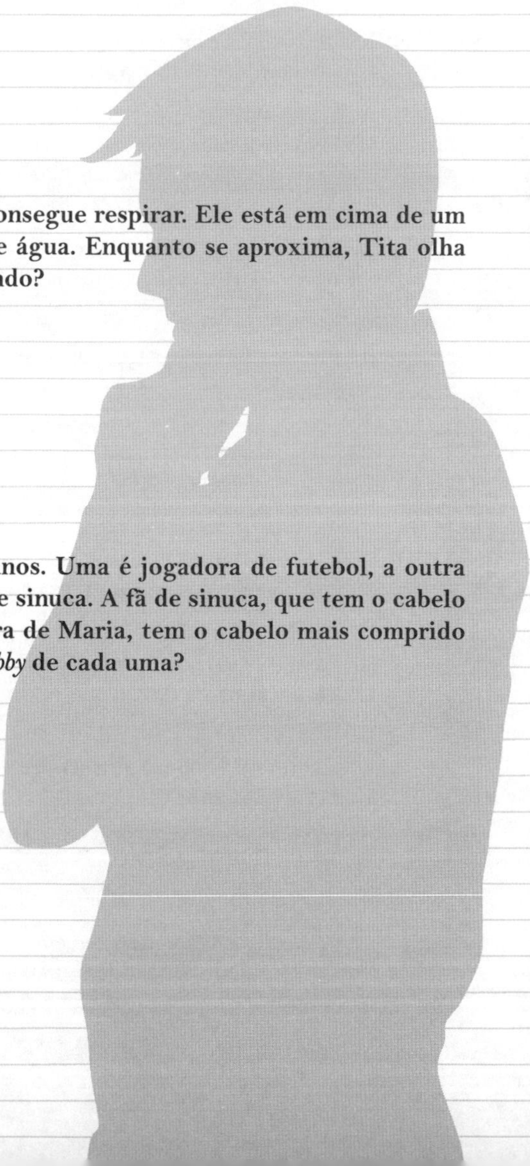

2. Luki está agonizando no chão, mal consegue respirar. Ele está em cima de um monte de cacos de vidro e uma poça de água. Enquanto se aproxima, Tita olha para ele satisfeita. O que está acontecendo?

3. Luísa, Maria e Tina são amigas há anos. Uma é jogadora de futebol, a outra adora jogar tênis de mesa e outra é fã de sinuca. A fã de sinuca, que tem o cabelo mais curto, é solteira. Luísa, que é sogra de Maria, tem o cabelo mais comprido do que a jogadora de futebol. Qual o *hobby* de cada uma?

85. Encontre o elemento discordante.

1. Qual das letras abaixo não tem relação com as demais?

A L N P K X Z

2. Qual das figuras abaixo não tem relação com as demais?

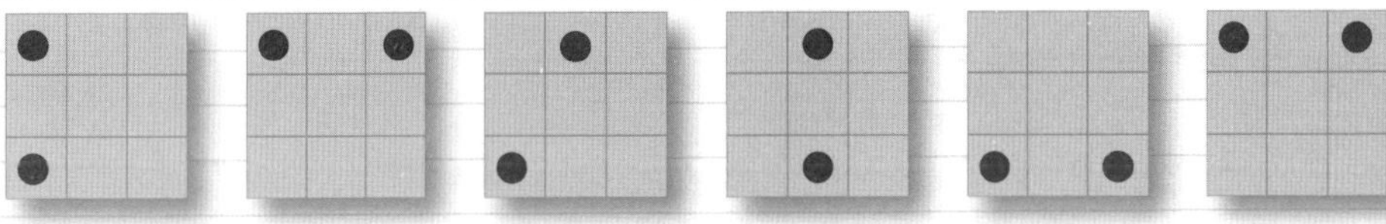

1 2 3 4 5 6

3. Qual dos objetos abaixo não tem relação com os demais?

Sapato Vaso Baú Moeda Casaco Luvas

DESAFIOS

Você consegue citar o nome de 10 cidades africanas?

 1-2-3-4-5

86. Avalie se as sentenças abaixo são uma "Afirmação", "Crença" ou "Inferência", de acordo com a explicação que damos no exemplo:

- A afirmação se caracteriza como verdadeira ou falsa: Está falando ao telefone.
- A crença obedece a uma opinião subjetiva cuja veracidade ainda não foi comprovada; é como uma afirmação fraca: Acho que esse livro é meu.
- Na inferência, parte-se de um enunciado (nuvens escuras) para deduzir ou inferir outro, em consequência ou relação ao primeiro (vai chover): Não gosto nada dessas nuvens escuras, acho que vai chover.

Coloque um "A", "C" ou "I" identificando se as frases abaixo são uma "Afirmação", "Crença" ou "Inferência".

1. Acho que esse exercício é difícil. ☐
2. Este exercício é muito fácil. ☐
3. Há muitas questões para desenvolver, este exercício vai ser complicado. ☐
4. Aquele menino não se chama João, o nome dele é Jaime. ☐
5. Acho que você está errado. ☐
6. Há muitos pontos obscuros, é melhor não assinar o contrato porque isso pode nos causar problemas. ☐
7. Estou indisposto e sem apetite há dias, acho que estou com a imunidade baixa. ☐
8. Acho que esse acordo vai nos prejudicar. ☐
9. Este tipo de contrato sempre tem consequências negativas. ☐
10. O número sete será o vencedor. ☐
11. Acho que o número sete vai chegar em primeiro lugar. ☐
12. O número sete não perde há 8 corridas, deve ganhar essa também. ☐

87. Ligue cada ferramenta com o(s) profissional(is) que a utiliza regularmente em seu trabalho. Mas, antes de fazer o exercício responda a estas perguntas:

a) Qual é a ferramenta mais utilizada por esses profissionais?

b) Qual profissional usa mais ferramentas nesta lista?

c) Quais são os dois profissionais que usam exatamente as mesmas ferramentas nesta lista?

1. Martelo
2. Tesouras
3. Faca
4. Enxada
5. Grampeador
6. Escumadeira

A. Carpinteiro
B. Cozinheiro
C. Cirurgião
D. Pedreiro
E. Alfaiate
F. Auxiliar de escritório
G. Barbeiro
H. Jardineiro
I. Estofador
J. Mergulhador

88. Qual é o critério?

1. Observe a série abaixo e descubra a que critérios ela obedece:

1, 10.
3, 6, 8, 0, 11, 12.
5, 20, 13.
4, 14, 15, 16.

2. Aqui estão algumas letras do alfabeto. Observe atentamente e descubra por que as letras que faltam foram omitidas:

a, c, e, g, i, j, m, n, o, p, r, s u, v, w, x, y, z

89. Marque qual dos elementos abaixo não tem relação com os outros dois:

	A	B	C
1	Carro	Canoa	Bicicleta
2	Caneta	Lápis	Borracha
3	Violão	Mandola	Flauta
4	Retina	Tímpano	Íris
5	Avestruz	Baleia	Cavalo
6	Esmeralda	Carruagem	Bandeira
7	Café	Água	Chá
8	Paulo Coelho	Pablo Neruda	José Saramago
9	Ferro	Aço	Alumínio
10	Um	Dois	Três
11	Turquia	Nigéria	Senegal
12	*Good morning*	*Buona sera*	*Guten Morgen*
13	Denso	Amplo	Apertado
14	Liso	Sardento	Cacheado
15	Tímido	Excêntrico	Rico

 1-2-3-4-5

90. Responda às perguntas:

1. O que você está comendo? AJOIEFAD

2. Qual curso você estuda? MINCEDAI

3. Qual a cor da sua saia? EAMRALA

4. Quando você virá nos visitar? ON IRMOPXO RAVEO

5. Como está o tempo? DALOBUN

6. Onde está a minha camisa? AN AIMUNQA ED ARVLA

7. Você acha que chegará a tempo? OVU TNATRE

91. Solucione os seguintes enigmas e charadas:

1. Uma galinha e seus pintinhos estão prestes a atravessar um rio e encontram uma placa na ponte que diz: proibido nadar, voar ou caminhar. O que eles fazem?

2. Depois de amarrar suas mãos e amordaçá-lo, ele tirou seu chapéu e o pendurou. Ele o conduziu 100m adiante, perguntou se ele tinha algo a dizer e então, sem mais delongas, fez um disparo, atravessando uma bala em seu chapéu. Como isso é possível, se o chapéu estava pendurado?

3. Um homem entra em um bar e pede um copo de água. O garçom, que nunca o tinha visto, em vez de lhe dar um copo d'água, aponta uma espingarda para ele. O homem, sorrindo, agradece e vai embora. O que aconteceu?

92. Ligue as datas equivalentes de cada coluna:

1.	ANO 62, SÉCULO XX.	A.	2018
2.	SEGUNDO MILÊNIO, ANO 14.	B.	ANO 101 D.C.
3.	PRIMEIRO MILÊNIO, ANO 99.	C.	1962
4.	ANO 20, SÉCULO VI A.C.	D.	1099
5.	ANO 99, SÉCULO XII.	E.	ANO 520 A.C.
6.	ANO 22, SÉCULO XIII.	F.	1222
7.	ANO 1, SÉCULO II D.C.	G.	ANO 14 D.C.
8.	ANO 33, SÉCULO IV A.C.	H.	1199
9.	ANO 18, SÉCULO XXI.	I.	ANO 333 A.C.
10.	ANO 14, SÉCULO I D.C.	J.	2014

93. Decifre as mensagens abaixo:

1. Como ele te pagou?

ASSDFGD SFFS ASDFKJS
ASSAFGD VFFS ASDFKIS
NDFD KHSDFGK NLKASDF
SDFD KTSDFGK DLKASDA

2. O que ela disse quando se levantou?

MMBOD		LTMDT
	XXIAF	
RRVISS		JKDAH

94. Tente ler o texto a seguir. Não se preocupe se você não conseguir de primeira!

S3 VOC3 CONS3GU3 L3R 3ST4 M3NS4G3M,

1SSO S1GN1F1C4 QU3 VOC3 3 PL3N4M3NT3

C4P4Z D3 D3COD1F1C4R 3 3NT3ND3R

CÓD1GOS D3 FORM4 3SPONT4N34.

S3 VOC3 CH3GOU 4T3 4QU1, N4O H4

DÚV1D4S D3 QU3 VOC3 CONS3GU1U.

P4R4B3NS!

1=

3=

4=

95. Identifique a palavra a que cada definição se refere. Cuidado, pois são palavras polissêmicas; ou seja, a mesma palavra pode ter significados diferentes.

1. Árvore de copa frondosa e fruto doce de polpa amarela ou tubo de borracha flexível muito útil em quintais e jardins.

____

2. Objeto cilíndrico de tamanho variável que alimenta aparelhos eletrônicos ou uma porção de objetos dispostos uns sobre os outros.

____

3. Parte superior do corpo humano constituída pelo crânio e pela face ou pessoa que exerce um papel de liderança no grupo.

____

4. O que fazemos com o pão todos os dias, ou quando alguém vai a algum lugar e não sabe se vai voltar.

____

5. Quando sua mão entra em contato com algo ou a ação do músico com seu instrumento.

____

6. O ator o interpreta, mas, antes, ele recebe as informações nesse suporte para que possa estudá-lo.

____

7. Projétil disparado por armas de fogo ou guloseima de açúcar de diversos tipos e sabores.

____

8. Recobre o corpo das aves, sente quem tem dó e cumpre o condenado.

____

96. Decifre os hieróglifos abaixo.

1. O que João mais gosta de fazer?

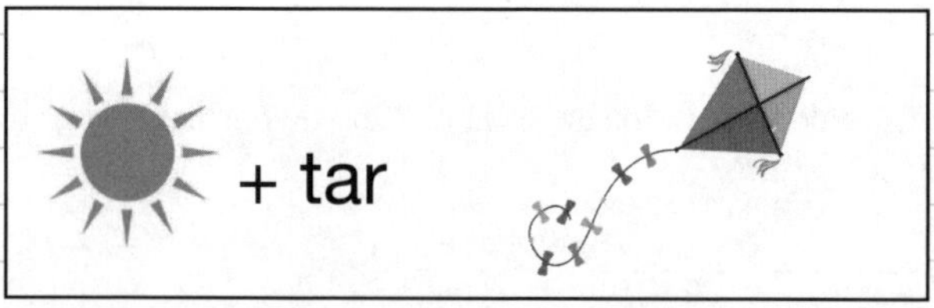

2. Militar, combatente.

3. Onde é transportado o dinheiro do banco?

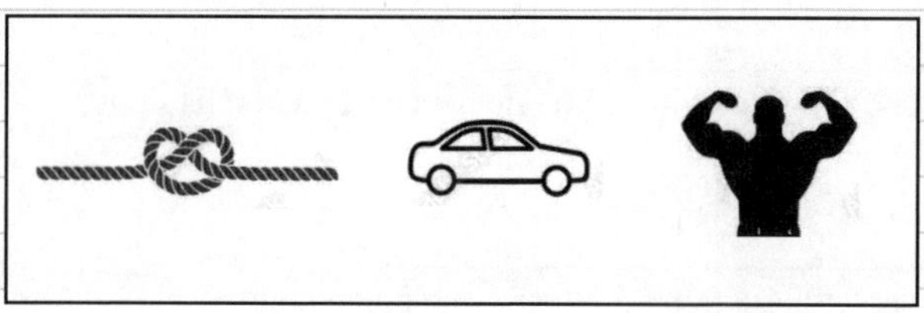

97. Que horas são? Resolva os seguintes enigmas.

1. Perguntamos as horas a uma senhora e ela diz: "Em 15 minutos, meu relógio vai marcar 9:21h". Se o relógio está 5 minutos adiantado em relação à hora certa, que horas eram 10 minutos atrás?

A. 8:54h
B. 9:02h
C. 8:45h
D. 8:51h
E. 9h
F. 9:01h

2. Isabel tem um relógio de parede que marca as horas da seguinte forma: Nas horas cheias, ele toca tantas vezes quanto a hora que ele marca (ou seja, três badaladas às 3h, quatro badaladas às 4h etc.). Nos quartos de hora e meias horas, ele soa apenas uma badalada. Ela acaba de entrar em casa e ouve uma badalada, um pouco depois mais uma única badalada, então outra única badalada e assim por 7 vezes consecutivas desde que ela chegou em casa. Que horas eram quando ela chegou?

98. Preencha as palavras que faltam no diagrama abaixo de acordo com as definições correspondentes a cada número. Cada palavra começa na caixa indicada com o número e se sobrepõe, por uma ou mais letras, à palavra anterior. A primeira palavra e duas letras já estão preenchidas

1. Componente de TVs, ao contrário.
2. Peça de madeira usada no bilhar.
3. Objeto trançado, flexível e resistente.
4. Verbo dos bailarinos.
5. Profissional das artes.
6. Terminar.
7. Cabana, tenda.
8. Motivo, explicação.
9. Erudita, experiente.

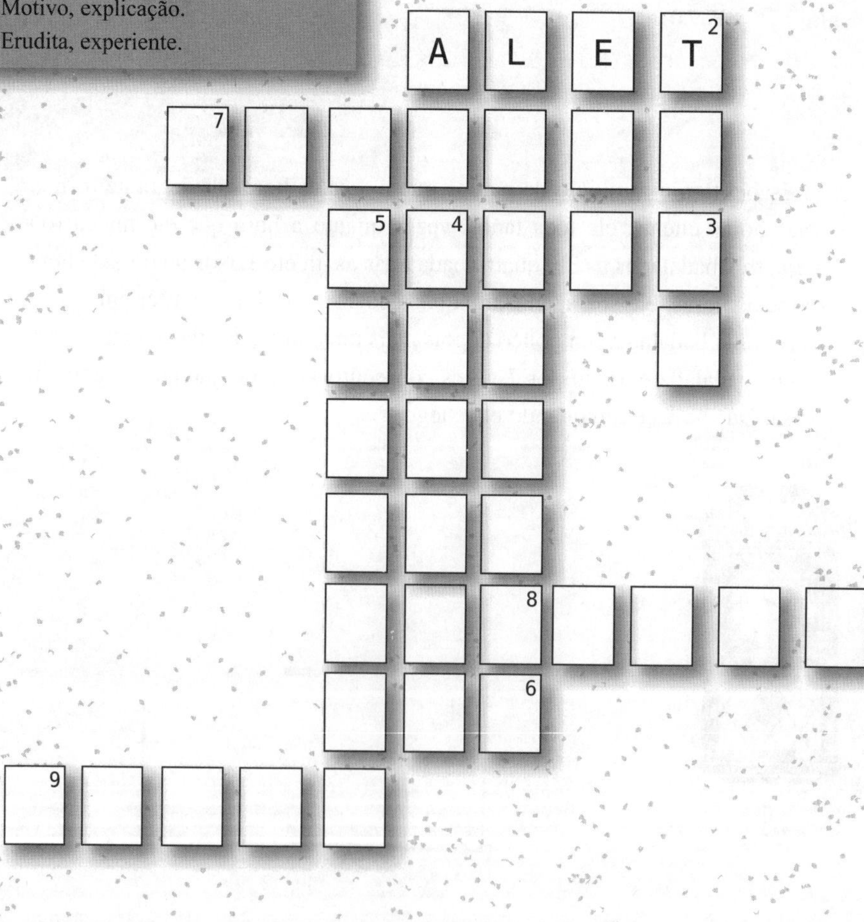

99. Qual deve ser a última peça?

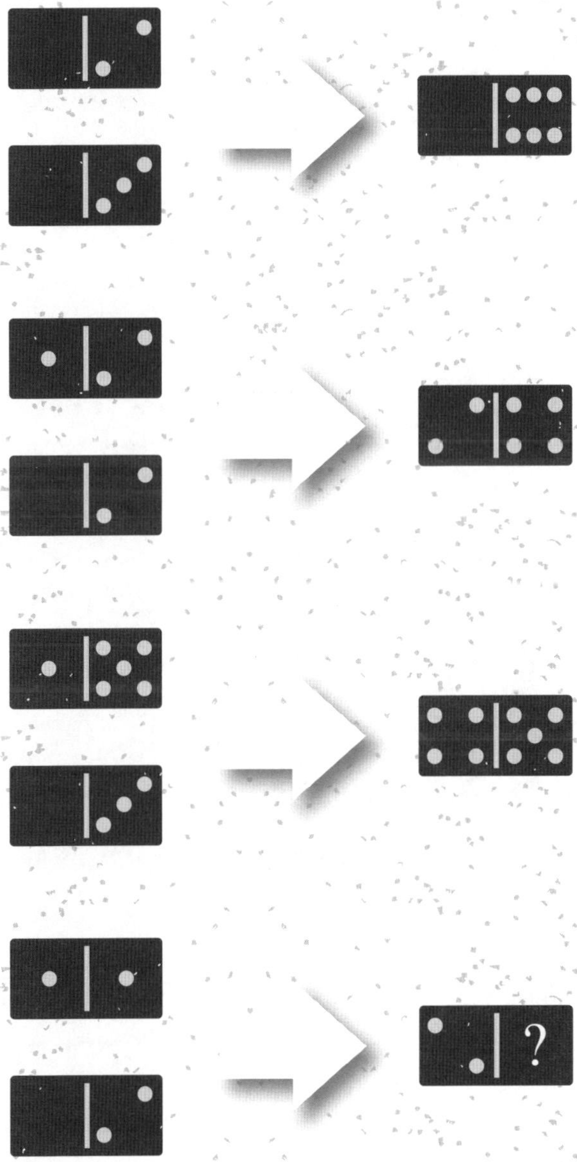

100. Observe atentamente as figuras. Qual figura deveria substituir o ponto de interrogação?

DESAFIOS

Anote em um pedaço de papel as primeiras 20 palavras que vierem à sua cabeça, de forma completamente aleatória. Em seguida, classifique-as em grupos. Crie quantos grupos forem necessários e procure uma relação entre eles. Você acha que há algum fio condutor?

Relembre alguma situação ou história muito engraçada que aconteceu com você. Escreva esta história da forma mais sucinta possível. Em seguida, tente dar a ela o "formato" de uma piada. Você seria capaz de inventar uma piada e sair contando por aí?

ABCDE

EXERCÍCIOS DE **LINGUAGEM E COMPREENSÃO DE TEXTO**

101. Complete cada frase com o termo que define cada uma:

1. Os membros de uma turma em uma escola são chamados ______________.

2. As pessoas que estão comendo em um restaurante são chamadas de ______________.

3. As pessoas encarregadas de operar um avião e cuidar de seus passageiros são chamadas de ______________.

4. Pessoas religiosas que vão à igreja ou ao templo são ______________.

5. A capacidade total de um cinema ou teatro é chamada de ______________.

6. As pessoas que vivem em uma cidade ou vila são ______________.

7. Pessoas que competem entre si em um esporte, concurso etc. são ______________.

8. Pessoas profissionais ou amadoras que se reúnem regularmente para cantar formam um ______________.

102. Escreva as vogais que faltam nas palavras abaixo de acordo com as pistas oferecidas:

1. MRL: Faltam três vogais (duas são iguais) para obter uma cor.

2. MLNC: Faltam 4 vogais (duas delas iguais) para obter uma fruta.

3. TRR: Faltam quatro vogais (duas são iguais) para obter uma palavra que significa "no passado, antigamente".

4. MRVLH: Faltam 4 vogais (três delas iguais) para obter uma beleza.

5. LCDZ: Faltam três vogais diferentes para obter uma palavra que significa "consciência, razão".

6. TRCR: Faltam quatro vogais (duas são iguais) para obter uma palavra que significa "depois do segundo".

7. CPTL: Faltam três vogais (duas são iguais) para obter uma palavra que significa "dinheiro" ou "a cidade mais importante de um estado".

103. Gerson está preparando uma apresentação e precisa de termos que o ajudem a chamar a atenção do público. Circule as expressões com significado equivalente ou semelhante a O IMPORTANTE e marque com um X aquelas que têm um significado diferente:

1. O principal.
2. O primordial.
3. O essencial.
4. O vital.
5. O trivial.
6. Em que devemos focar.
7. O fútil.
8. Em que devemos nos deter.
9. O insignificante.
10. O que devemos considerar em detalhes.
11. O que sempre foi dito.
12. O significativo.
13. O menos válido.
14. O previsível.
15. O substancial.
16. O que foi dito até agora.
17. O esclarecedor.
18. O descartável.
19. O notável.
20. O valioso.
21. O banal.
22. O considerável.
23. O inconsistente.
24. O fundamental.

104. Transforme os verbos a seguir em adjetivos e, depois, em substantivos.

Exemplo:	Brincar → Brincalhão → Brinquedo
1.	Comer → →
2.	Voar → →
3.	Tocar → →
4.	Amar → →
5.	Pintar → →
6.	Enrugar → →
7.	Fugir → →
8.	Arredondar → →
9.	Alargar → →
10.	Amarelar → →

105. Seguindo o esquema, você deve começar com a palavra "Digital" e terminar com a palavra "Rótulo". Para fazer isso, você deve encadear as palavras de modo que a última sílaba de uma palavra seja a primeira sílaba da seguinte. Damos algumas pistas:

Digital →	Talco	Co_____ ↓
Dádiva ↓	______	← ______
Garrafa →	______to	______ ↓
Quebra ↓	______	← Sil______
Trecho →	______	Rótulo

106. Leia em voz alta as frases abaixo. Em seguida, repita o exercício trocando as sílabas da primeira e da última palavra, de modo que apenas a primeira sílaba de cada palavra permaneça na mesma posição, conforme indicado no exemplo:

Parece mentira	Patira Menrece
1. Equipe robusta	
2. Comida saudável	
3. Ernesto Gonçalves	
4. Chutar o balde	
5. Limpamos cristais	
6. Acabou o verão	
7. Esforço inútil	
8. Pedimos desculpas	

107. Escreva uma carta para os Reis Magos do Consumo e da Pesquisa de Mercado, pedindo a eles:

Como deve ser o carro ideal em termos de: funcionalidades, *design*, cor, motor, fonte de energia e nível de consumo, sustentabilidade, preço etc.

Como deve ser o produto de limpeza ideal para banheiro: como ele se diferencia do que já existe no mercado, quais devem ser suas principais vantagens/benefícios, que tipo de embalagem/apresentação ele deve ter, qual deve ser a forma de aplicação, a durabilidade da limpeza, o tipo de brilho/desinfecção que se espera, o respeito pelo meio ambiente, o preço...

Como deve ser o produto alimentício embalado ideal: que tipo de alimento embalado você deseja, como deve ser a embalagem, ingredientes desejáveis/indesejáveis, prazo de validade, tipo de conservação (frio/ambiente), modo de preparo, facilidade de armazenamento, preço...

108. Identifique as duas palavras ou expressões que têm um significado semelhante:

A)

1. A olho.
2. Especificamente.
3. Aproximadamente.
4. Com precisão.

B)

1. Abrir os olhos.
2. Assumir a responsabilidade.
3. Tomar consciência.
4. Não dormir.

C)

1. Cair redondo.
2. Fechar os olhos.
3. Virar a cara.
4. Concentrar-se.

D)

1. Cochilar.
2. Não dormir à noite.
3. Não pregar os olhos.
4. Não conseguir dormir.

E)

1. Olhar de soslaio.
2. Olhar fixamente.
3. Ter visão lateral.
4. De rabo de olho.

DESAFIOS

Quantas palavras você consegue ler em voz alta em um minuto? Pegue um texto que você nunca leu e cronometre-se. Ao praticar este exercício regularmente você verá sua velocidade de leitura aumentar bastante.

109. Sublinhe os verbos abaixo que se referem a algum tipo de atividade mental pura, sem a intervenção de qualquer atividade física.

Considerar, correr, pintar, pensar,
meditar, preencher, costurar, observar,
colocar, calcular, discutir, memorizar,
escrever, limpar, fantasiar, manusear,
cozinhar, digitar, contemplar, plantar,
envernizar, colorir, raciocinar,
temperar, descascar, saber, deitar,
imaginar, marinar, conduzir, enterrar,
entender, rasurar, compreender,
parafusar, criar, telefonar, cuspir,
acreditar, definir, cortar, desejar,
esculpir, ansiar, saquear, recordar.

110. Descarte a opção incorreta em cada caso:

1. Qual das opções abaixo não é um cientista famoso?

1. GEULIAL
2. ETWONN
3. STEINIEN
4. RINDAW
5. ONDISE
6. ABEGTEU
7. STEURPA

2. E qual não é um compositor clássico famoso?

1. TRAMOZ
2. ABCH
3. TAULIP
4. PINCHO
5. AGWNER
6. BEVENTHOE
7. TRESBCHU

111. Coloque as palavras em ordem para que a carta faça sentido:

Amiga cara,
Tempo há muito escrever queria te, nunca mas tempo encontro. Mais já faz de um desde ano a que última nos vimos vez. As sempre crianças perguntam você por. Está como você? Bem tudo? Muito nós, como sempre, trabalho ocupados e com muito. Alfredo em São Paulo vai no ano que se mudar vem estudar para. Ótima Andreia está, excelente sempre aluna como. Seus e filhos, como estão? Júlio vai se quando o casar, afinal? E marido seu, muito trabalhando ainda?
Espero bem, querida, breve que em nos encontremos. Por vocês que não passar vêm um fim em Santos de semana? Seria casa um recebê-los em nossa prazer.
Todos beijos a muitos,
Glória.

112. Qual dos provérbios abaixo tem um significado próximo ou equivalente ao ditado "A palavra é de prata, o silêncio é de ouro"?

1. Deus ajuda quem cedo madruga.
2. Não adianta chorar pelo leite derramado.
3. Quem planta vento, colhe tempestade.
4. Casa de ferreiro, espeto de pau.
5. Pau que dá em Chico também dá em Francisco.
6. Em boca fechada, não entra mosquito.
7. Em baile de cobras, sapo não entra.
8. Para quem não sabe para onde vai, qualquer camino serve.
9. Olho por olho, dente por dente.
10. O apressado come cru.

DESAFIOS

Para estalar os dedos, usamos sempre os mesmos dois dedos. Tente estalar os dedos usando o polegar e cada um dos dedos que você não usa para essa ação.

113. Quais das frases abaixo são palíndromos; ou seja, podem ser lidas tanto em um sentido quanto na direção oposta sem que a frase mude?

1. A base do teto desaba.
2. Luz azul.
3. Andando abandonada.
4. A grama é amarga.
5. O céu sueco.
6. Missa é assim.
7. O riso do narciso.
8. A mãe te ama.

114. Cada linha é composta de palavras que estão faltando as mesmas letras. Descubra quais são e complete as palavras.

1.

CONT _ _ _	MOSTR _ _ _	MAT _ _ _	EDUC _ _ _

2.

PICAD _ _ _	DINH _ _ _	SAPAT _ _ _	GAVET _ _ _

3.

ROT _ _ _	MEDIC _ _ _	INSUL	SURD _ _ _

4.

INSIDI _ _ _	RELIGI _ _ _	VERTIGIN _ _ _	FROND _ _ _

DESAFIOS

Faça um esforço e tente lembrar de algo que você decorou quando era criança: um poema, um provérbio, algo que seus avós costumavam dizer, uma propaganda da sua infância...

115. Escreva palavras com o mesmo número de letras das casas abaixo. Tente fazer com que uma das colunas tenha sempre a mesma letra.

116. Leia o texto a seguir e substitua as palavras que forem incoerentes pelas palavras que estão no quadro abaixo:

Dei a ele 30 ramais para comprar cão, leite, queijo e um pouco de besunto. Mas, quando ele voltou da lataria, me disque que havia esquecido o leite. Eu não sei o que está apetecendo, mas ultimamente ele branda muito distraído. Eu acho que ele está abandonado. À noite, ele dica até tarde cercado no computador. O desdenho dele na escola também não está muito bom. Potro dia seu compressor me ligou e disse que ele havia brigado com um sonega de urna. A verdade é que isso me garupa. Você acha que devemos consultar um geólogo?

apaixonado, desempenho, professor, fica, acontecendo, anda, turma, presunto, colega, padaria, disse, psicólogo, reais, preocupa, sentado, outro, pão.

117. Encontre 10 palavras que rimem com:

Cristal:

Madeira:

Papel:

Pedra:

Ferro:

118. Com as letras abaixo, forme o máximo de palavras com duas ou mais sílabas. É possível formar mais de 80.

AMIBODTE

119. Cada palavra da primeira coluna tem um sinônimo correspondente na segunda e terceira colunas. Encontre-os e ligue-os com uma seta:

1. Perspectiva	A. Pedaço	1. Combate
2. Porção	B. Panorama	2. Partida
3. Bandeira	C. Insígnia	3. Estatura
4. Incentivar	D. Elevação	4. Parte
5. Ordem	E. Briga	5. Estandarte
6. Criar	F. Jornada	6. Norma
7. Saudável	G. Compreender	7. Visão
8. Ladrão	H. São	8. Inventar
9. Entender	I. Regra	9. Aprender
10. Altura	J. Encorajar	10. Estimular
11. Saída	K. Conceber	11. Sadio
12. Luta	L. Gatuno	12. Larápio

120. Escreva cinco verbos relacionados com as seguintes palavras:

Cavalo

Domar				

Cozinha

Matemática

Jardinagem

Estudo

Canção

Carpinteiro

121. Indique o número total de erros ortográficos, gramaticais ou de pontuação nas frases abaixo:

1. Ele estava caminhando pela rúa principal quando de repente parou para olhar uma vitrinhe que chamou sua atençao.

a) 2 b) 3 c) 1 d) 4

2. Ele prefere tomar café com açúcar em ves de adoçante.

a) 2 b) nenhum c) 1 d) 3

3. Ela chegou as três da tarde, com calor e muito cansado.

a) 2 b) 1 c) 3 d) nenhum

4. Você tem que organizar, todos esse arquivos antes do meio-dia.

a) 2 b) 4 c) 1 d) 3

5. Voce tem que ter muito cuidado por que isso é perigosicímo!

a) 2 b) 3 c) 1 d) 4

6. Senão cometeu nenhum erro, eu vou le comprar um sorvete.

a) 2 b) nenhum c) 1 d) 3

122. Escreva uma palavra que seja sinônimo de ambas as palavras anteriores:

1. COMPLETO	ÍNTEGRO	
2. CABO	BICO	
3. MOTORISTA	GERENTE	
4. VIRADA	VOLTA	
5. CÍRIO	LUME	
6. PAISAGEM	PERSPICÁCIA	

DESAFIOS

Quando você sair, durante um minuto, conte as pessoas com as quais você cruza. Depois, calcule o número de pessoas que você cruzará durante o trajeto.

123. Marque quantas vezes a palavra "contrato" aparece neste texto. A palavra pode aparecer junta, separada, com letras ou outras palavras no meio. Por exemplo:

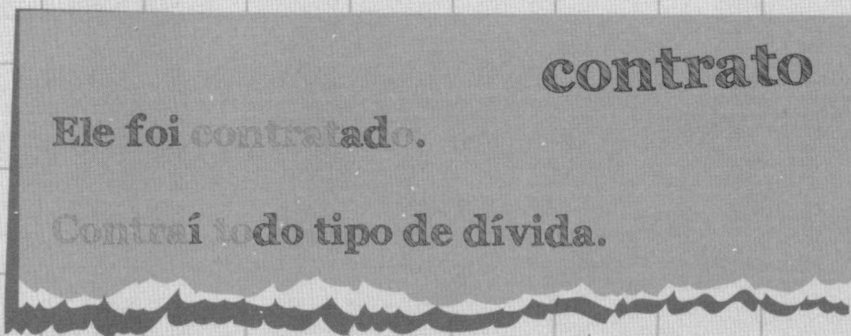

1. Javier toca sax contralto, mas quando o contrabaixo toca, eu vou às nuvens.
2. Ele estava muito bravo, avançando contra tudo e contra todos.
3. Ele teve uma infecção que contagiou seu trato urinário.
4. Ela contratou um advogado para que, contrariando todas as probabilidades, ela pudesse reaver as condições que inicialmente tratou de incluir em seu contrato.
5. Nunca faço negócios com contraventores.
6. O Sr. Vasconcelos tratou de me convencer a assinar o documento contra Tomás, mas eu o contrariei de imediato.
7. É tarde e encontramos todos ainda dormindo.
8. Ele foi passear no calçadão, confiou no trajeto, mas encontrou tratores bloqueando seu caminho.
9. Esse tipo de conduta revela um transtorno grave.
10. Consagrado tradutor, Conrado retrata fielmente a emoção do todo.

124. De forma totalmente livre, descreva os objetos abaixo, levando em consideração as características ou propriedades que indicamos:

Limão:

Tamanho:
Forma:
Cor:
Cheiro:
Sabor:
Tato:

Livro:

Tamanho:
Forma:
Textura:
Tipos:
Peso:
Onde pode ser encontrado:

Chave inglesa:

Tamanho:
Forma:
Cor:
Peso:
Tipo de objeto:
Onde pode ser comprada:
Profissionais que a utilizam:

Manjericão:

Forma:
Cor:
Cheiro:
Sabor:
Onde pode ser encontrado:
Para que é utilizado:

125. Mudando apenas uma letra a cada movimento, parta da palavra "Madre" até chegar a "Filho", sem esquecer de passar por "Padre". No sexto movimento, você deverá passar por "Carma", embora existam caminhos alternativos.

1. MADRE
2.
3.
4.
5.
6. CARMA
7.
8.
9.
10.
11.
12. FILHO

DESAFIOS

Realize uma tarefa na qual você precise estar concentrado em um ambiente que interfira ou dificulte sua concentração. Por exemplo, memorizar números de telefone com o rádio em volume alto, revisar as contas do mês em um local muito barulhento (lanchonete, bar), estudar algo em um local com muitas distrações (no ônibus, esperando o metrô). Use os elementos adversos a sua concentração como um desafio a ser superado!

Pense na figura de um vulcão, na sua natureza, por que eles se formam, qual a última erupção que você se lembra... Agora analise seu valor simbólico. Que significados podemos associar a um vulcão? Faça uma lista de sensações que ele te provoca (explosão, fúria, espontaneidade, energia, contenção, transbordamento...)

EXERCÍCIOS DE PSICOMOTRICIDADE E PERCEPÇÃO ESPACIAL

126. Identifique todos os horários marcados neste relógio.

127. Pegue alguns palitos e reproduza as imagens abaixo. Se quiser, você pode fazê-lo em cima do desenho.

128. Indique a numeração correta para resolver os quebra-cabeças.

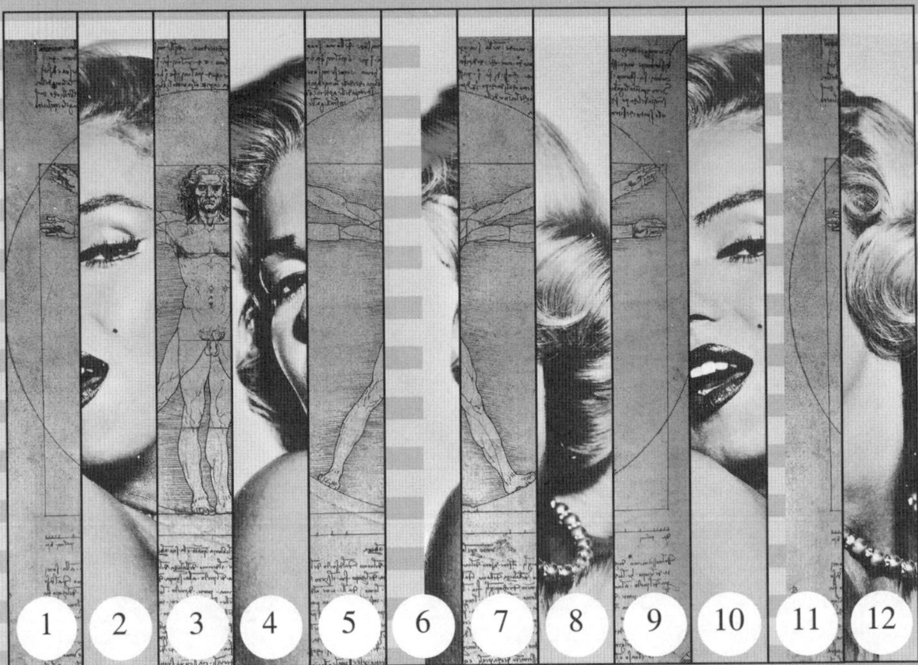

129. No menor tempo possível, marque com um X a maior e a menor bola cinza.

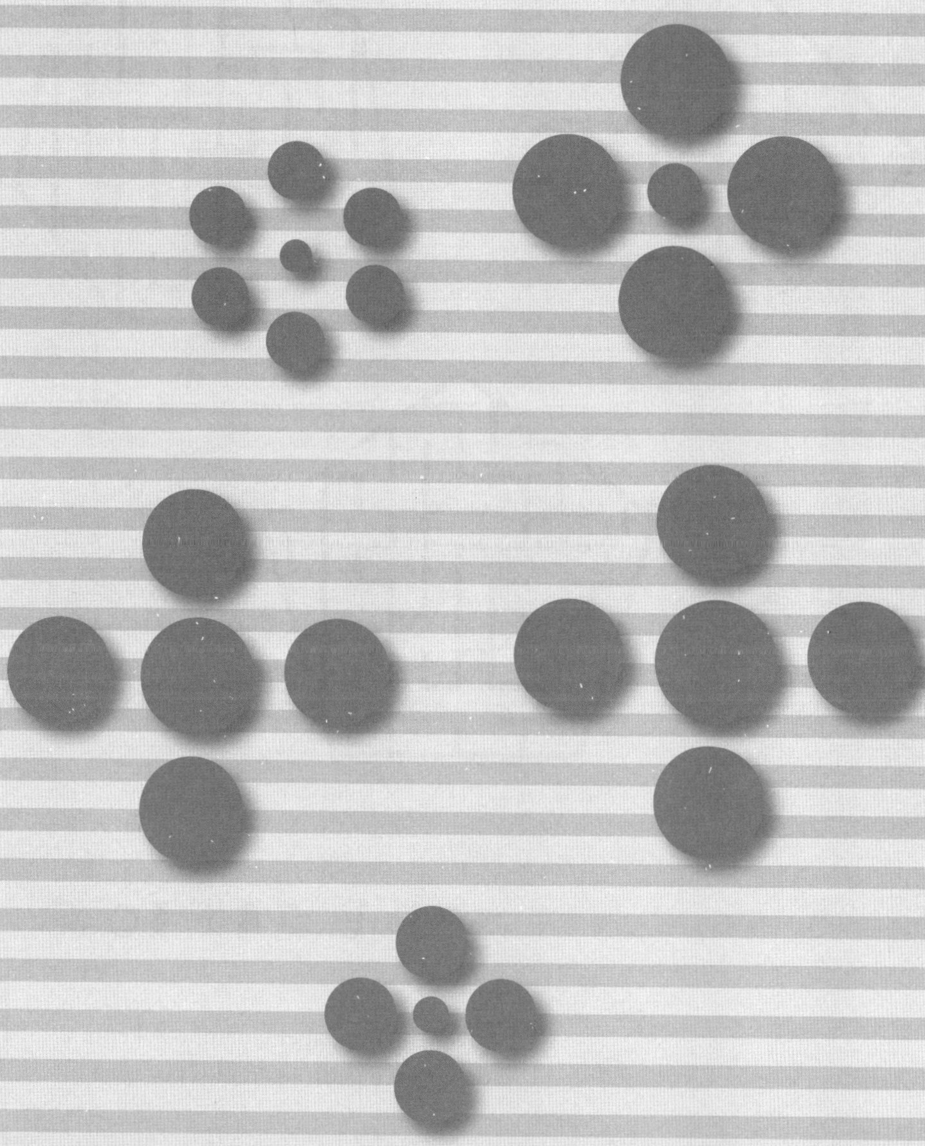

130. Encontre a saída dos labirintos abaixo.

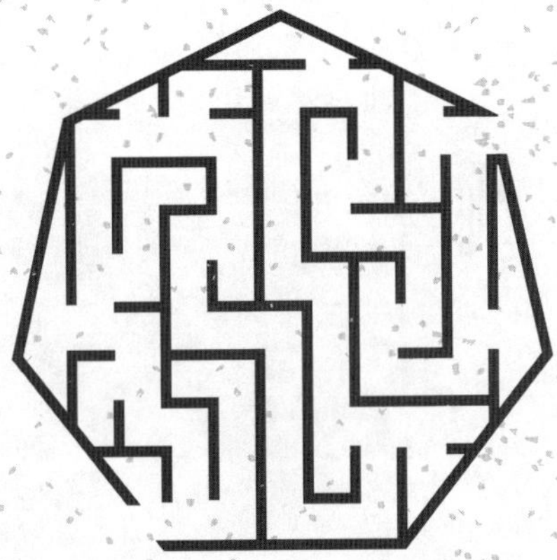

DESAFIOS

Preencha um papel tamanho A4 com desenhos e padrões criados por você.

131. Recorte papéis que tenham a mesma forma e tamanho dos modelos abaixo:

132. Com diferentes cores e máxima precisão, colorir a mandala abaixo.

133. Analise os eventos históricos abaixo. Coloque-os em ordem cronológica.

Assassinato de John F. Kennedy
II Guerra Mundial
Acidente de Chernobil
Queda do muro de Berlim
Naufrágio do Titanic
Ataque às Torres Gêmeas
Grande Depressão
Bombardeio de Hiroshima
Acidente do Challenger
Primeiro homem na Lua

134. Utilize os pontos para formar um triângulo, um quadrado e um hexágono.

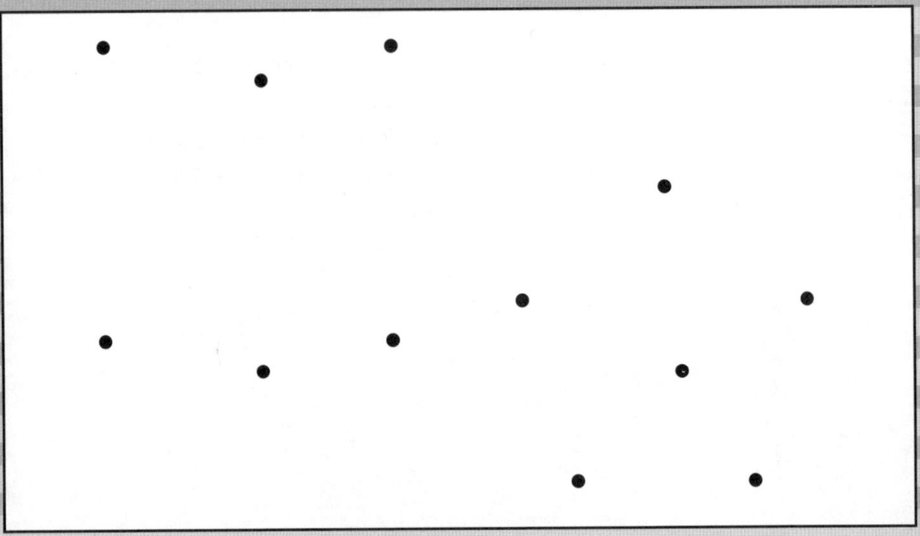

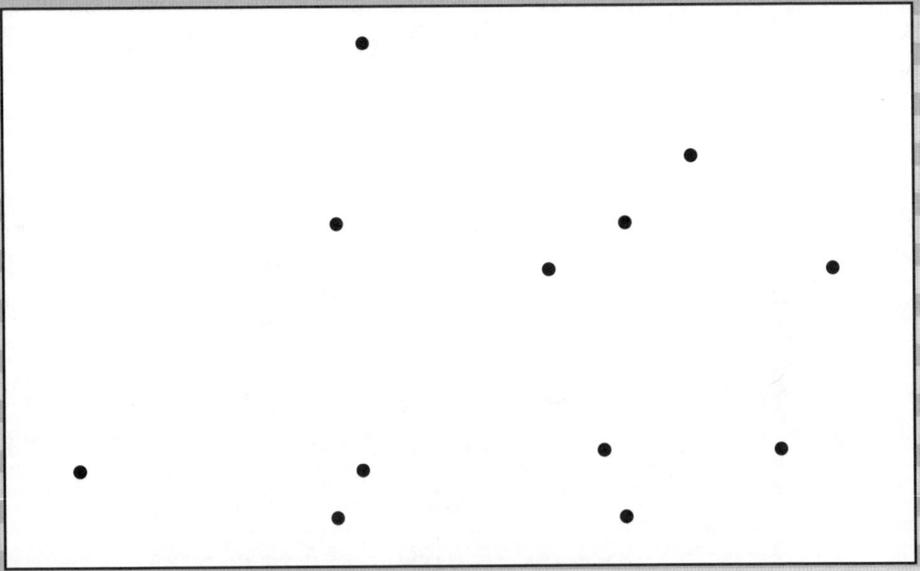

135. Observe atentamente o desenho e copie a imagem invertida:

136. Dirija o caminhão até o seu destino, seguindo as instruções.

Da saída, siga em frente e vire à direita no primeiro cruzamento. Siga em frente e vire à direita novamente. Vire imediatamente à esquerda e a próxima também à esquerda. Vire à direita. Vire a segunda à esquerda, siga pelo único caminho possível até chegar à bifurcação e, aí, vire à direita e depois à esquerda. Você chegou.

137. Trace uma rota de Roma a Madri passando por Florença, Paris, Nantes, Bordeaux, Toulouse e Bilbao.

138. Copie a natureza-morta abaixo no espaço em branco:

139. Indique com uma seta a direção em que devemos mover a imagem do centro para que o fragmento se encaixe no desenho corretamente.

1

2

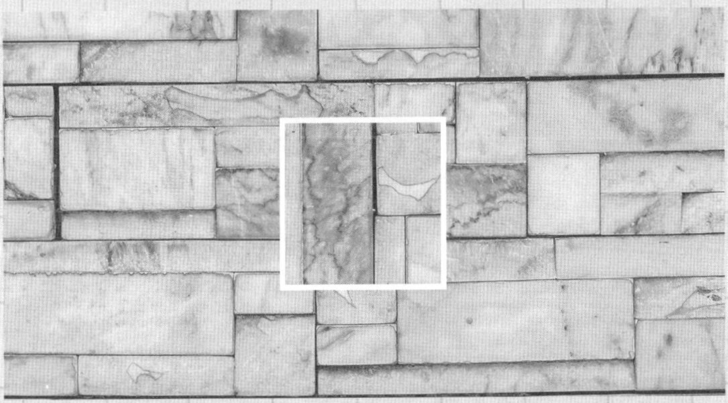

3

4

5

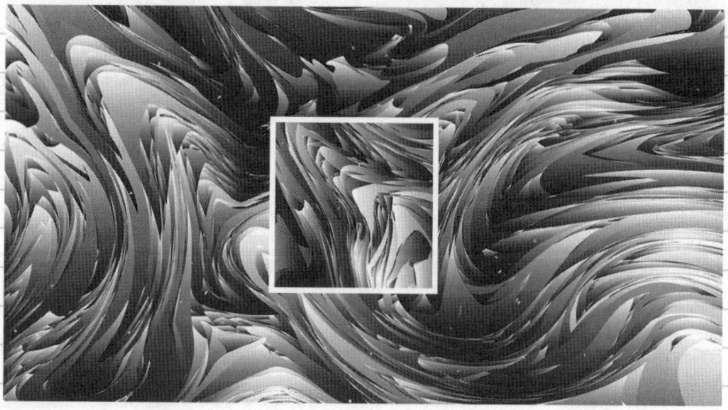

6

140. Ordene os passos a seguir para ser um grande vendedor.

1. Vender o produto.

2. Coletar informações antes e durante a reunião com o cliente.

3. Certificar-se de que o cliente está satisfeito e pedir possíveis indicações.

4. Mostrar e permitir testar o produto.

5. Agradecer a compra e fazer um acompanhamento pós venda adequado.

6. Conhecer muito bem o mercado ao qual se destina o produto.

7. Demonstrar o potencial do produto.

141. Observe atentamente as fotos desordenadas da paisagem de Nova York. Identifique a quais fotografias da página seguinte elas correspondem.

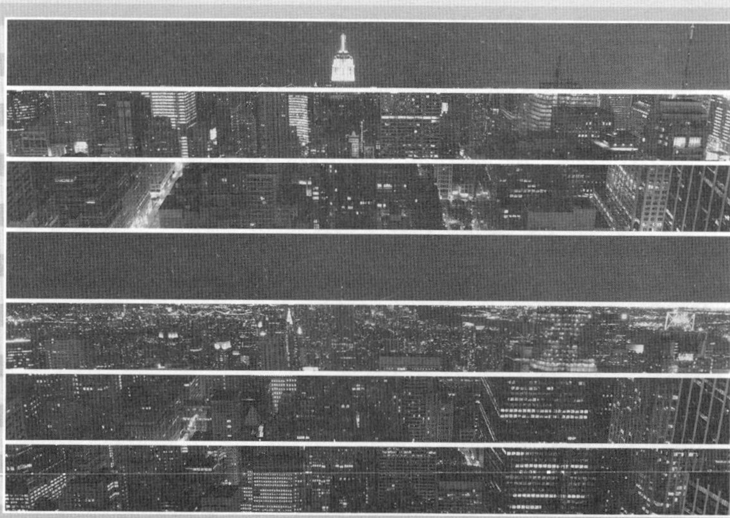

1

2

3

4

5

6

7

8

9

10

142. Reproduza com precisão os rabiscos abaixo.

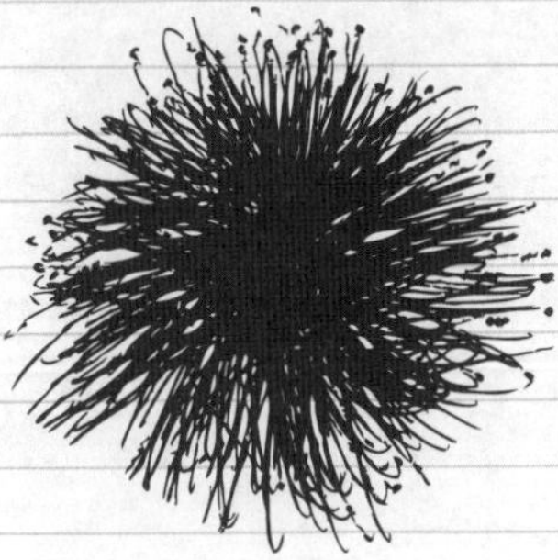

143. Siga as instruções e descubra qual figura corresponde a cada um dos símbolos.

Alternadamente, desenhe três ✢ ✢ ✢ e três ✥ ✥ ✥ no topo da página.
Embaixo de cada ✥, desenhe um ✤.
Embaixo do ✤ central, desenhe dois ✢ ✢ próximos um do outro.

Agora descubra qual figura representa cada um dos símbolos:

✤ ✤ ✤ =

✣ ✣ ✣ =

✢ ✢ ✢ =

✥ ✥ ✥ =

144. No menor tempo possível, indique de quantas retículas diferentes são os círculos.

145. Observe os 5 fragmentos. Ligue cada um deles à sua imagem correspondente.

A B C D E

146. Desenhe a metade que falta para completar a aranha.

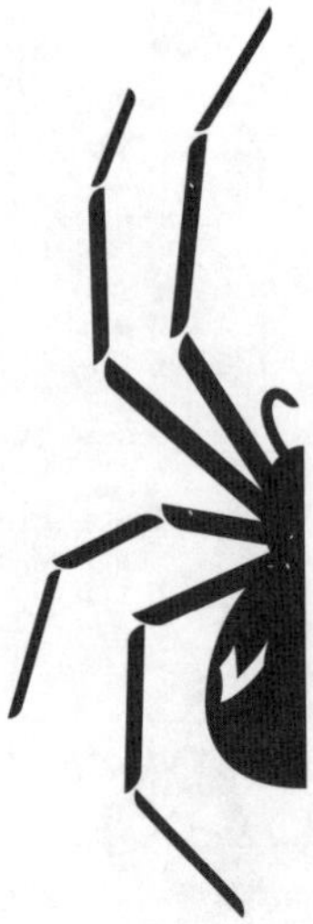

147. Entre os 6 cubos montados há três que não correspondem às figuras desmontadas. Descubra quais são.

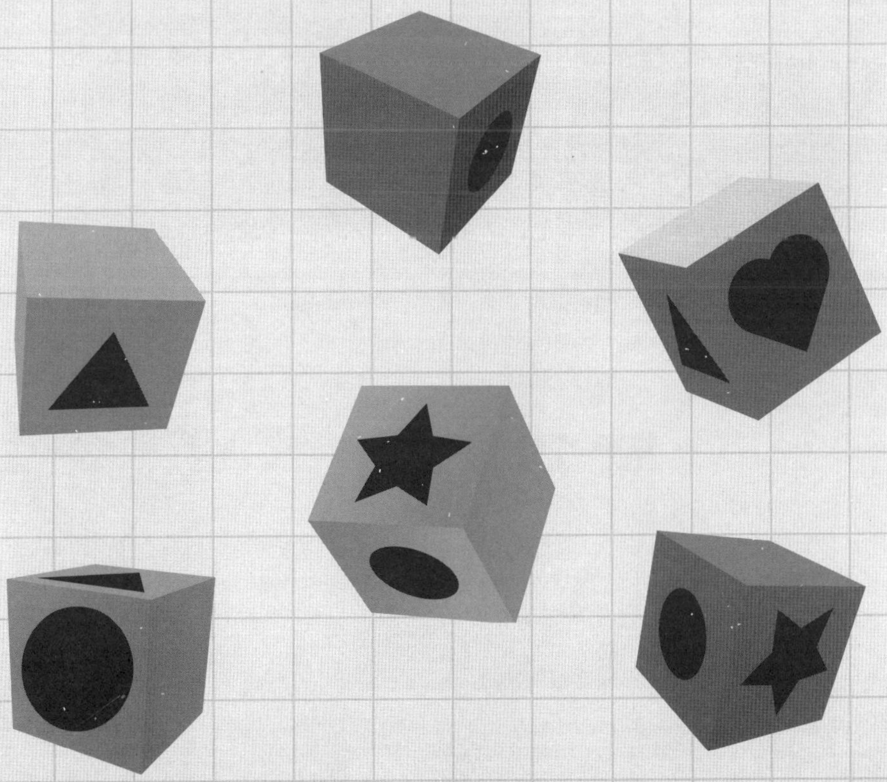

148. Coloque os monumentos abaixo em ordem cronológica.

1

4

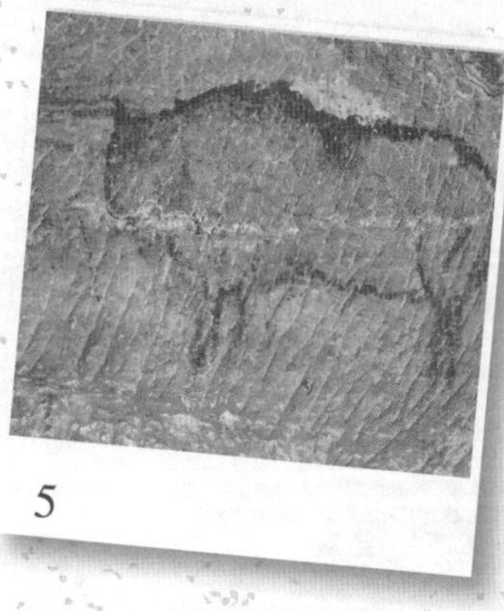

5

2

3

6

149. Observe as figuras criadas com as peças do Tangram. Descubra, no menor tempo possível, quais são as duas repetidas e em qual figura está faltando uma peça.

150. No menor tempo possível, marque com um X o lado oposto ao indicado.

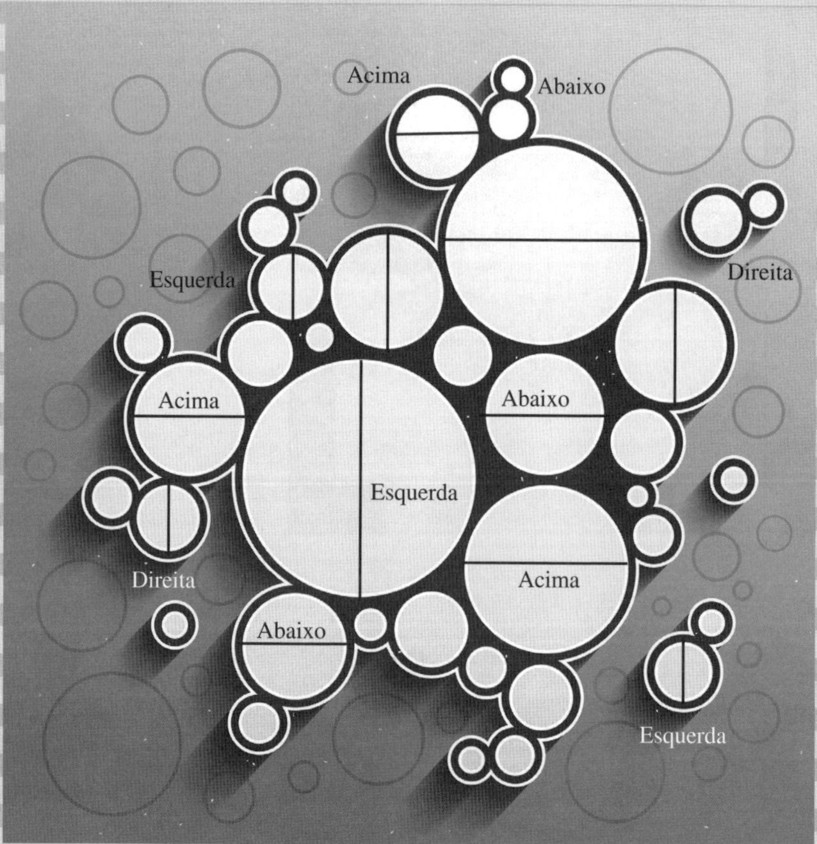

DESAFIOS

Pense bem. Imagine que você tenha que ir ao supermercado e comprar o produto cuja origem geográfica seja a mais distante da sua casa. O que você escolheria? A que distância da sua casa ele foi fabricado? Confira no rótulo da próxima vez que for ao supermercado.

Mentalmente, escolha uma ação cotidiana que você costuma realizar com frequência; por exemplo, ligar a televisão, trocar de roupa, comprar e ler o jornal, jogar baralho, lavar a louça... Agora, você deve subdividir essa ação de acordo com os passos que ela requer, como se você fosse escrever o manual de instruções para alguém que nunca tenha feito isso antes.

RESPOSTAS

1. A: 1, 6, 10, 15 • B: 2, 7, 8, 16, 19 • C: 3, 11, 12 • D: 4, 13, 17, 18 • E: 5, 9, 14, 20

2. 1. Armando um golpe: Armando. • 2. A melhor: Amélia. • 3. Jura que sim: Juraci. • 4. Enriquecedor: Henrique. • 5. Vândalos: Vanda. • 6. É milho: Emílio. • 7. Cozinho ou lavo: Olavo. • 8. Eu vira aquele homem antes: Elvira. • 9. É honesto: Ernesto. • 10. Eu gênio: Eugênio. • 11. É rica: Érica. • 12. Ver a paisagem: Vera. • 13. A mão dá: Amanda. • 14. Trabalhadora: Dora. • 15. Este vão: Estêvão.

3. 1. Sete • 2. Dois: coxinhas de frango e sabão para roupas coloridas • 3. Baguete, R$ 0,55 • 4. O sabão • 5. Um, atum em lata • 6. Dois, tomate para saladas e alface • 7. Três: peito de peru, coxinha de frango e atum em lata.

4. 1. Quatorze • 2. Sim, esgrima, tênis de mesa e judô • 3. Não, há um que se refere ao salto ornamental • 4. Sim, hipismo • 5. Sim • 6. Não • 7. Halterofilismo • 8. Hipismo, hóquei e halterofilismo.

5. O ciclismo foi trocado por vela, o halterofilismo por tiro com arco e o tênis de mesa por tênis.

6. Autocorreção.

7. Múltiplas respostas, por exemplo:

Congelados: Gelo, ervilhas, sopa de legumes, lasanha, massa de pizza.
Legumes e verduras: Pimentão, alface, cenoura, tomate, abobrinha.
Laticínios: Leite, queijo, manteiga, iogurte, nata.
Bebidas: Água, sucos, refrigerantes, tônica, cervejas.
Frutas: Maçãs, peras, pêssegos, laranjas, limões.
Peixe: Atum, sardinha, bacalhau, tilápia, lula.
Carne: Frango, bifes, carne moída, porco, linguiça.
Embutidos: Presunto cozido, salsicha, mortadela, salame, chouriço.

8. **Incorretos:** porca, rato, colher, moto, tigela, mangueira, quarto, camaleão, flauta, apito, pastor.

9. 1. Diga-me com quem andas e eu te direi quem és. • 2. Quem cria cobra amanhece picado. • 3. Manda quem pode, obedece quem tem juízo. • 4. Pimenta nos olhos dos outros é refresco. • 5. Saco vazio não para em pé. • 6. Tudo o que sobe, desce. • 7. Mais vale um pássaro na mão do que dois voando. • 8. Cão que ladra não morde.

10.

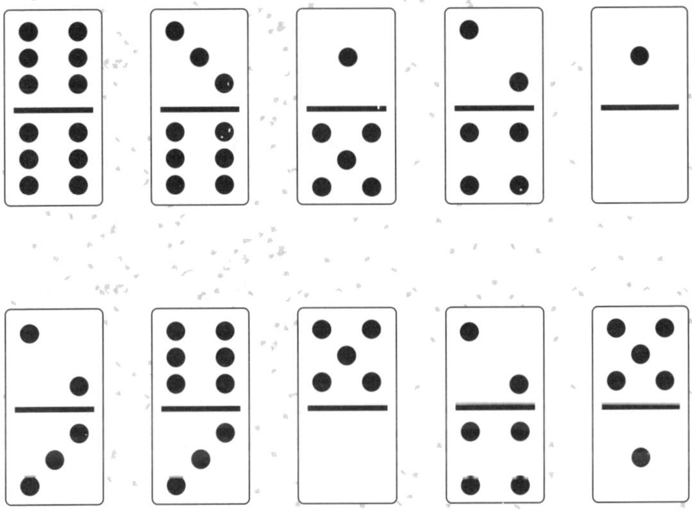

11. Laura passa 1 pedra para Renato, que faz um autopasse e dribla dois jogadores, avança, tenta passar para Susana Sousa, mas Raul, rápido como um raio, rouba 1 pedra dele. Raul inverte para o altura direito, onde Maria recebe, mas Jorge faz o corte, afasta 1 pedra e é golpe lateral. Maria cobra o golpe, passa para Toni, Toni devolve para Maria, Maria chuta 1 pedra para o centro do campo. Não há ninguém lá e Laura recupera 1 pedra, chuta para o canto esquerdo, Renato recebe e passa para Susana Sousa, Susana chuta, que chutaço, senhores; 1 pedra bate no travessão...

12. A, 3 • B, 11 • C, 10 • D, 4 • E, 9 • F, 6, 2 • G, 5 • H, 7 • I, 1 • J, 8

13. Múltiplas respostas, por exemplo:

1. O ANJO estava descascando uma MAÇÃ no ARMAZÉM quando de repente ele teve um ataque do CORAÇÃO.

2. Ela estava debruçada na JANELA quando viu uma CRIANÇA vestida de VERDE passar com o GERENTE da loja.

3. O ATUM enlatado está na prateleira de MADEIRA, perto do POÇO onde jogamos as MOEDAS.

4. Eu estava viajando em um ÔNIBUS muito MODERNO quando machuquei o CALCANHAR porque uma VACA atravessou a estrada de repente e o motorista pisou no freio.

5. Dava para ver de longe o casaco QUADRICULADO do PRISIONEIRO confinado naquela ilha por onde passava um FURACÃO vindo da FINLÂNDIA.

14. 1. Doze • 2. Não • 3. Cinco • 4. Digital • 5. Quatro • 6. Nenhum • 7. Sim • 8. Digital.

15. 1. ANJO, MAÇÃ, ARMAZÉM, CORAÇÃO • 2. JANELA, CRIANÇA, VERDE, GERENTE • 3 ATUM, MADEIRA, POÇO, MOEDAS • 4. ÔNIBUS, MODERNO, CALCANHAR, VACA • 5. QUADRICULADO, PRISIONEIRO, FURACÃO, FINLÂNDIA.

16. Autocorreção.

17.

18.

19. Flor, fino, amor, belos, chips, cruz, hino, hinos.

20. 1. Três; 2. Sim, estava; 3. Não estava, substituiu Touro; 4. Áries, Gêmeos e Virgem; 5. Dois: Leão e Virgem; 6. Sim; trocaram de posição; 7. Sagitário, Capricórnio, Aquário, Peixes e Escorpião

21. 1, C • 2, B • 3, A • 4, C • 5, A • 6, C • 7, B • 8, C • 9, B • 10, C

22. Estes conceitos se enquadram nos pares de adjetivos, mas existem outros que se encaixam tão bem quanto: 1. Clima • 2. Água de um rio, lago, etc. • 3. Café • 4. Tabaco • 5. Seda • 6. Psicopata • 7. Dor de dente • 8. Champagne/espumante • 9. Uma pessoa que está triste • 10. Uma canção • 11. Prato/comida • 12. Problema, exercício

23. Opção D

24. Coisas que você pode precisar: recipiente onde você guarda o café, cafeteira, xícaras, pires, colheres de chá, leiteira, leite, açucareiro, bandeja, guardanapos....

Onde está cada coisa: as coisas podem estar na cozinha, na despensa, na sala de jantar, nos armários.

Os passos a seguir podem ser: Colocar o café e a água na cafeteira e levá-la ao fogo (ou ligar na tomada, se for elétrica), colocar as xícaras, pires e colheres de chá na bandeja, verificar se há açúcar no açucareiro e colocá-lo na bandeja. Aquecer o leite e colocá-lo em uma jarra. Colocar os guardanapos na bandeja, servir o café em um bule se necessário, levar tudo em uma bandeja para o local onde estão os convidados, tirar as coisas da bandeja e colocá-las na mesa, perguntar aos convidados como eles querem o café e servir.

25. 1. E e N • 2. Sim, Noruega • 3. Este • 4. Sim, tenaz • 5. Sim, Carlos • 6. Sim, aba • 7. Egresso • 8. Tendência

26. As cidades são Londres e Dublin.

Budapeste

Madri

Lisboa

Londres

Moscou

Munique

Los Ângeles

Paris

Dublin

Amsterdã

Bogotá

Helsinki

Roma

Viena

Atenas

Buenos Aires

27.

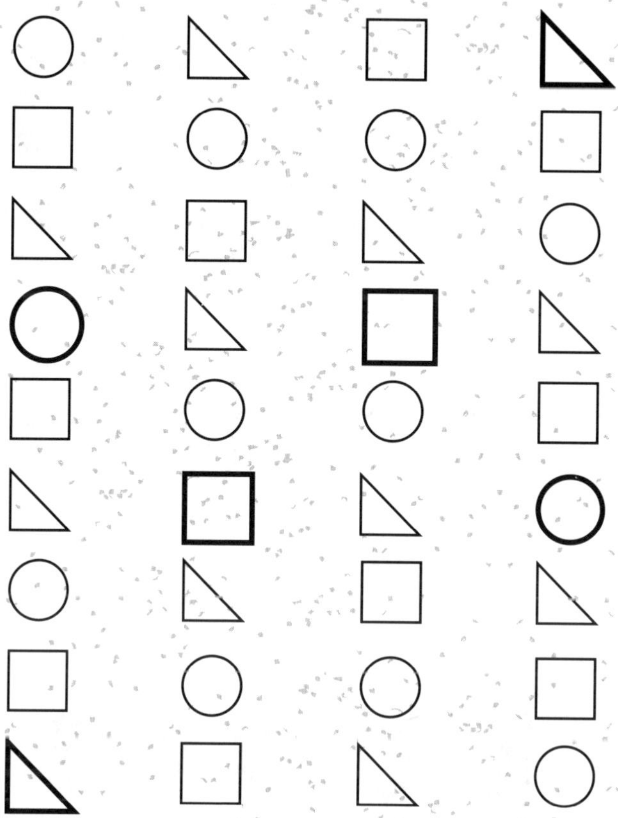

28. Balão, casa, computador, flor, livros, mão, poço, sorvete, tomate, violino.

29. 1. MDCCLXXX
3. MMMCD
4. LXXXIII
5. MMDCCC
PALAVRA SECRETA: DÉCIMO

30.

31. MILHA, 2 vezes; PALHA, 7 vezes.

32.

33.

4 6 7 6 4 6 6 4 4 7 6 2 8 1 5 3 2 3 3 5

5 6 8 4 3 9 1 5 3 8 2 7 6 **4 2 4** 7 4 7 9

9 4 5 4 7 3 2 6 7 3 3 3 1 **5 7 8** 6 1 7 8

1 2 3 7 5 7 4 2 2 5 8 9 1 1 3 1 4 5 9 0

3 6 0 9 7 1 2 6 8 3 5 0 8 6 9 2 5 4 1 1

6 7 8 7 1 8 4 **8 9** 2 6 3 9 7 4 5 6 3 4 3

4 4 7 5 0 4 6 **1 5** 6 9 4 2 0 5 6 7 6 8 2

8 3 4 3 9 6 7 9 6 7 2 6 0 9 2 7 5 7 5 4

3 2 3 6 4 9 5 5 2 9 4 4 6 2 4 3 3 3 8 5

2 6 1 8 5 0 4 3 8 8 6 7 3 5 5 5 3 2 0 6

9 **7 4** 9 2 1 3 6 5 2 5 1 5 3 7 7 3 7 2 5

8 **5 6** 0 3 4 7 7 3 1 4 **4 8** 4 3 8 1 5 3 7

7 **1 8** 7 6 3 6 6 4 0 3 **6 6** 1 2 9 5 7 6 4

2 3 6 5 1 6 5 4 7 5 5 3 7 7 6 6 7 9 4 9

4 4 8 4 0 7 7 5 1 7 7 4 2 5 7 5 4 0 1 0

34.

35.

36.

37. Autocorreção.

38. 8<11<14>9<23>17>10>4>1<3<115<119>80>54>6<37<43>26>14>7<239 >206>15>3<90.

39. 1: h • 2: f • 3: c • 4: t.

40. **5 letras:** porco, *mouse*, ossos.
6 letras: sapato, médico, banana.
7 letras: telhado, coração, garrafa.

41. Várias possibilidades.

42. Colagem, chocolate, colocar, colchão, bucólico, agrícola, melancolia, colapso, escolar, caracol, psicologia, protocolo, acolhida, descolar, coleção.

43.

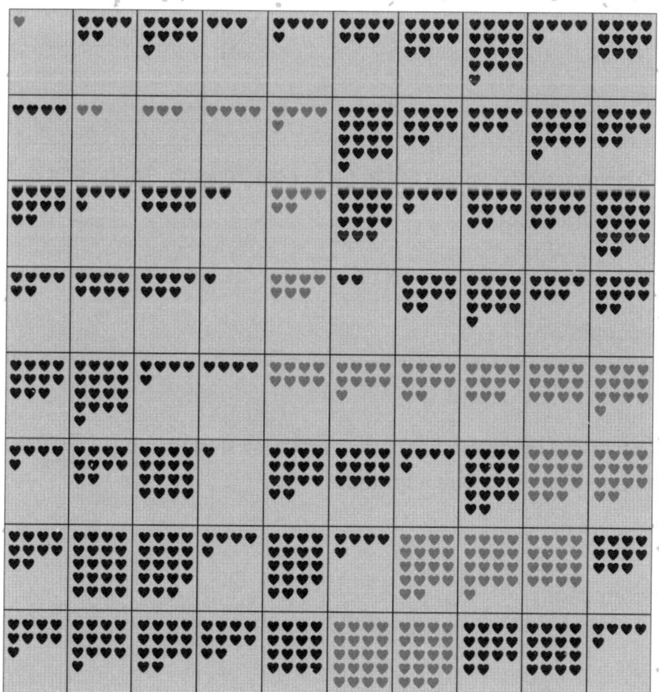

44. Sportsdirect.com. Sanyo. TDK. Barclays. Pharmacy Beauty. Piccadilly Circus. Samsung. McDonald's.

45.

46. Há 12 palavras diferentes. MAR, LUZ, MAL, CARO, TALO, POLO, VEZ, NORTE, BOJO, TOLO, VER, RETO.

47. O telescópio.

48. A vida é muito perigosa. Não pelas pessoas que fazem o mal, mas por aqueles que se sentam para ver o que acontece.

49. Autocorreção.

50. Ramon – Lola
Ricardo – Rosário
Lucas – Úrsula
Ivan – Cristina
Estêvão – Carmem
Guilherme – Eunice
Pepe – Mercedes
Pedro – Leonor
Alex – Elba

51. 1, 50 • 2, 48 • 3, 28 • 4, 16

52.

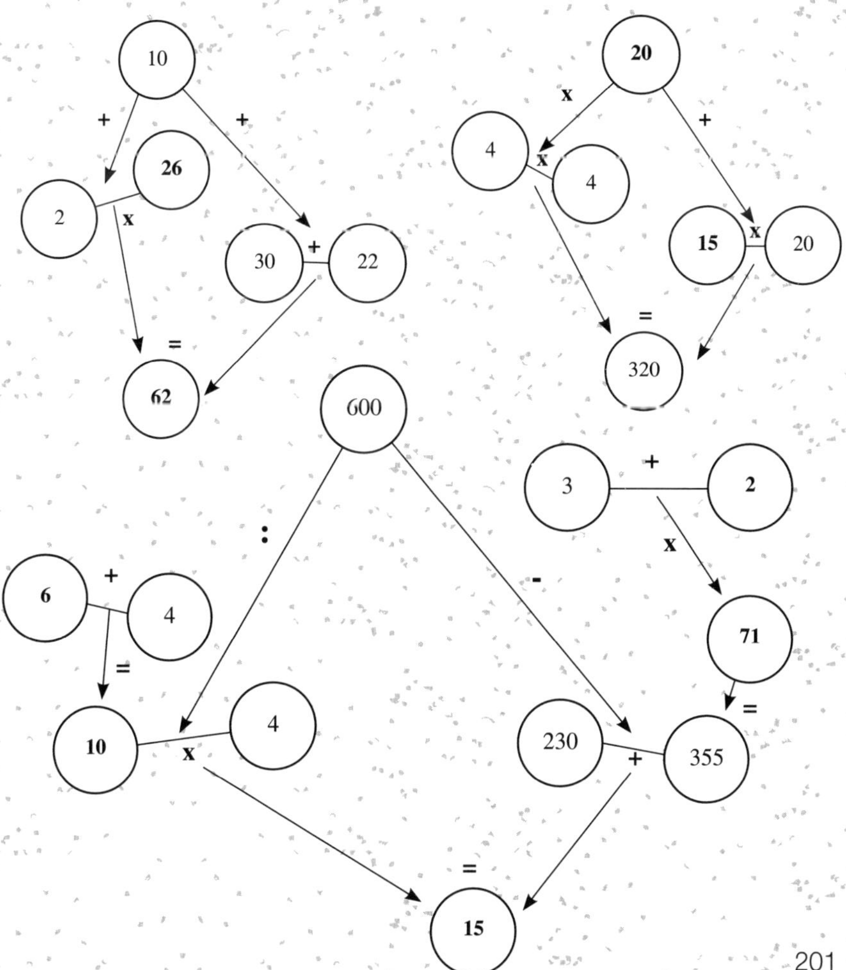

53.O resultado de todas as somas é 50.

20	7	6	17
9	14	15	12
13	10	11	16
8	19	18	5

54. **1:** 393, 396, 399, 402, 405, 408, 411, 414, 417, 420, 423, 426, 429, 432, 435, 438, 441, 444, 447, 450, 453, 456, 459, 462, 465.

2: 113, 123, 133, 143, 153, 163, 173, 183, 193, 203, 213, 223, 233, 243, 253, 263, 273.

3: 229, 225, 221, 217, 213, 209, 205, 201, 197, 193, 189, 185, 181, 177, 173, 169, 165.

4: 1099, 1199, 1299, 1399, 1499, 1599, 1699, 1799, 1899, 1999, 2099, 2199, 2299.

5: 1221, 1219, 1217, 1215, 1213, 1211, 1209, 1207, 1205, 1203, 1201, 1199, 1197.

55. 1: 55km/h

2: 10,5l

3: 12 aulas por dia

4: Em R$ 445,00

56. 1. R$ 27,46
2. R$ 7,01
3. R$ 8,28
4. R$ 14,40
5. R$ 7,60
6. R$ 6,88
7. R$ 39,50

57.

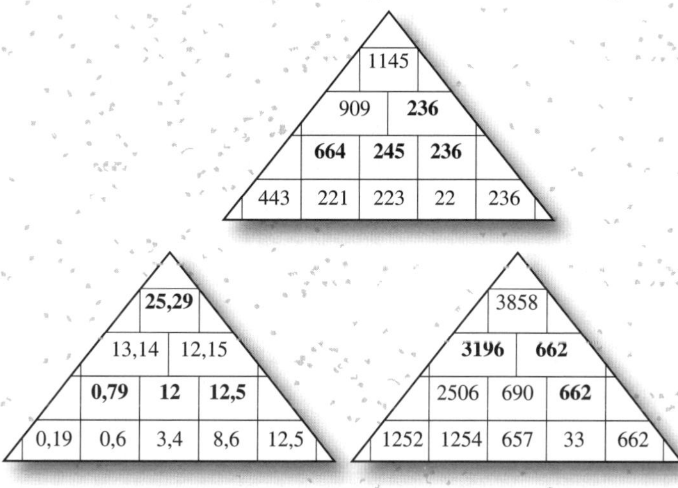

58.

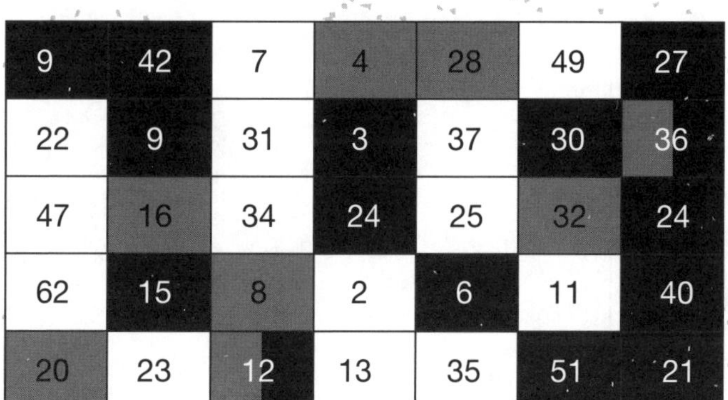

59. 94.546,23 + 325,32 = **94.871,55**

3.526,135 - 2313,23 = **1.212,905**

7.372,12 - 1234 = **6.138,12**

7.238,34 x 32 = **231.626,88**

3.525 : 5 = **705**

60. 2340 / 10 - 230 / 10 = 211

25 / 5 + 935 / 5 + 20 / 5 +125 / 5 = 221

3522 / 2 + 32910 / 2 + 3824 / 2 = 20.128

38812 / 4 - 2328 / 4 = 9.121

61. 3 x 2= **6**

543 + 25 = **568**

55 + 75 = **130**

14 + 24 = **38**

30 x 2 = **60**

15 x 5 = **75**

70 + 120 = **190**

33 + 54 = **87**

44 + 22 = **66**

21 + 87 = **108**

23 - 43 = **-20**

23 - 54 = **-31**

12 x 4 = **48**

21 x 3 = **63**

45 - 25 = **20**

14 - 6 = **8**

43	**568**	55	**108**	**8**	99	31	64
199	2	13	114	560	97	**66**	40
46	**-20**	14	221	**6**	15	20	34
20	68	33	**-31**	31	7	**190**	-32
72	102	62	**38**	27	18	19	39
90	64	11	**60**	45	23	-82	61
5	**130**	89	30	67	**48**	**75**	143
474	**87**	98	49	**63**	-14	3	230

62. 45 - 9 = 36
56 + 6 = 62
60 x 3 = 180
25 : 5 = 5
10 x 10 = 100
42 + 9 = 51
34 + 12 = 46
23 - 15 = 8
14 x 2 = 28
7 - 14 = -7
67 - 8 = 59
99 + 10 = 109
210 - 113 = 97
70 + 80 = 150
55 - 25 = 30
32 - 10 = 22
12 x 3 = 36
36 - 7 = 29
18 : 3 = 6
63 - 73 = -10

63. Entre Nova York e Londres: 5 horas.
Entre Sidnei e Tóquio: 2 horas.
Entre Frankfurt e Hong Kong: 18 horas.
Entre São Paulo e Frankfurt: 5 horas.
Entre Nova York e Sidnei. 9 horas.
Entre São Paulo e Tóquio: 12 horas.

64. Barcelona, Londres, Buenos Aires, Paris, Singapura, São Paulo.

65. Piloto 1: 33.360m
Piloto 2: 12.510m
Piloto 3: 20.850m
Piloto 4: 8.340m
Piloto 5: 16.680m

66. 8 + 4 = 10 + 2
6 + 3 + 8 + 5 = 10 + 10 + 2
2 + 5 + 9 + 3 = 10 + 9
8 + 6 + 9 + 5 = 10 + 10 + 8
9 + 3 + 5 = 10 + 7
4 + 7 + 3 = 10 + 4
8 + 3 + 5 + 9 = 10 + 10 + 5

67. $6 + 12 + 2 + 6 + 18 + 16 + 4 + 6 = 70$

68.

40	10
36	9
488	122
7.420	1.855
16	4
92	23
8.460	2.115
76	19
432	108
508	127

69.

50 - 15	16 - 6	12 + 9	18 : 3	14 + 16	3 x 7	11 + 4
7 + 8	30 : 3	4 x 7	12 + 8	60 : 20	4 x 9	9 + 12
10 x 2	11 x 2	16 + 9	10 x 2 S	9 : 3	27 : 9	35 - 34 A
10 + 12	27 : 3	26 : 13	48 : 3 O	18 + 9	8 + 5	16 - 12 D
6 + 6 L	27 : 3 I	26 - 3 V	44 - 25 R	8 x 2 O	10 : 2	18 - 3 E
8 - 3	27 : 3	3 x 2	56 - 35 T	27 : 3	9 - 8	55 - 33 U
35 : 5	26 : 2	6 + 8	45 - 40 E	7 x 2	9 + 12	40 : 2 S
23 - 2 T	12 : 4 C	26 - 18 H	7 - 6 A	66 : 3 U	14 + 10	30 - 3

70. A: 105

B: 123

C: 148

71. 12 + 4 + 9 + 8 + 2 = 35

7 + 6 + 5 + 17 = 35

10 + 11 + 14 = 35

35 + 35 + 35 = 105

72. Várias possibilidades. Por exemplo:

642571 ⟶ 7 - 6 = 1, 5 - 4 = 1, 2 - 1 = 1, 1 x 1 x 1 = 1

993157 ⟶ 9 : 9 = 1, 3 - 1 = 2, 7 - 5 = 2, 2 : 2 = 1

918326 ⟶ 9 - 8 = 1, 2 - 1 = 1, 6 - 3 = 3, 1 + 1 = 2, 3 - 2 = 1

228564 ⟶ 2 : 2 = 1, 8 - 6 = 2, 5 - 4 = 1, 1 + 1 = 2, 2 : 2 = 1

165664 ⟶ 6 : 6 = 1, 6 - 5 = 1, 4 - 1 = 3, 1 + 1 = 2, 3 - 2 = 1

73.

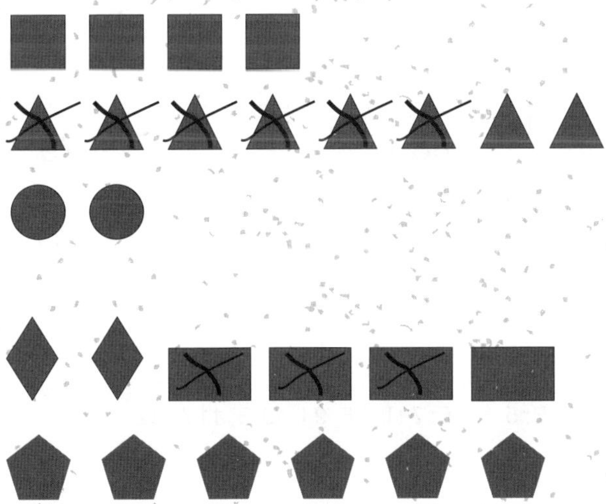

74.

7km	600m	80.000mm
700dam	6hm	80m
700.000cm	0,6km	8.000cm
7.000m	6.000dm	8dam

75. Várias possibilidades. Por exemplo

76. 1 C; 2 K; 3 D; 4 B; 5 J; 6 E; 7 H; 8 F; 9 I; 10 G; 11 A; 12 L

77. Área, tema, subtema, seção, subseção, parágrafo, linha, frase, palavra.

78. A série numérica segue uma progressão acrescentando 8 unidades ao número anterior. As palavras têm, alternadamente, quatro e cinco letras. Portanto, a solução é *a*.

79. As palavras *aspira*, *rapamos*, *pronto*, *aspiram*, *posaram*, *rompia*, *rampas*, *pairamos* e *piamos* não se relacionam com as demais porque não são formadas sequencialmente pelas letras que compõem a palavra *mariposa*.

80. **Entradas:** salada verde, salada mista, creme de alho-poró, caldo verde, sopa de legumes, sopa fria, salada russa.

Pratos principais: pernil com batatas, peixe assado, frango grelhado, carne de panela, bife à milanesa, atum marinado, sardinha frita.

Sobremesas: pudim, iogurte, pavê, arroz-doce, maçã, banana, gelatina.

81.

A. Garfo e faca de carne.

B. Concha de servir sopa.

C. Pá para servir tortas.

D. Colher de sobremesa.

E. Garfo e faca de peixe.

F. Colher de café.

G. Garfo para fatiar carne.

H. Colher de sorvete.

I. Garfo e faca de mesa.

J. Talheres de salada.

82. 1. Piolho: Pi-olho • 2. Pegar fósseis: Pé-garfo-seis • 3. Melodia: Mel-o-dia.

83. 1, V; 2, V; 3, F; 4, V; 5, F; 6, V; 7, F; 8, F

84. 1. Alberto é cego e está lendo um livro em braile.

2. Tita é uma gata. Ela empurrou o aquário para o chão e agora está pronta para devorar o pobre Luki.

3. Tina é fã de sinuca, Luísa joga tênis de mesa e Maria é jogadora de futebol.

85. 1. A letra "P" é a única que não é formada exclusivamente por linhas retas.

2. A Figura 3 é a única cujos pontos não estão em casas paralelas.

3. A moeda é o único objeto em que nada pode ser colocado ou guardado.

86. 1, C; 2, A; 3, I; 4, A; 5, C; 6, I; 7, I; 8, C; 9, A; 10. A; 11, C; 12, I

87. 1, A, B, C, D, I; 2, B, C, E, G, H, I; 3, B, H, J; 4, H; 5, C, F, I; 6, B
a) A tesoura. b) O cozinheiro: martelo de cozinha, tesoura, faca, escumadeira. c) O cirurgião e o estofador: martelo, tesoura e grampeador.

88. 1. Eles são ordenados de acordo com o número de letras que cada número possui. Números com até três letras: um e dez. Números de quatro letras: três, seis, oito, zero, onze, doze. Números de cinco letras: cinco, vinte, treze. Números de seis ou mais letras: quatro, quatorze, quinze, dezesseis.

2. Todas as letras com haste ascendente foram omitidas.

89. 1, B: Não é um meio de transporte terrestre. 2, C: Não é um objeto de escritório que sirva para escrever. 3, C: Não é um instrumento de cordas. 4, B: Não é uma parte do olho. 5, A: Não é um mamífero. 6, B: Não é um tipo de verde. 7, B: Não é uma infusão. 8, A. Não é um ganhador do Prêmio Nobel de Literatura. 9, B: É uma liga, não um metal. 10, A: Não tem quatro letras. 11, A: Não é um país africano. 12, B: Não significa "bom dia". 13, A: Não descreve um espaço. 14, B: Não é um tipo de cabelo. 15, C: Não é um traço de personalidade.

90. 1. Feijoada; 2. Medicina; 3. Amarela; 4. No próximo verão; 5. Nublado; 6. Na máquina de lavar; 7. Vou tentar

91. 1. Eles seguem em frente sem hesitar porque não sabem ler.

2. Porque ele pendurou o chapéu na ponta da arma.

3. O homem estava soluçando e o garçom o assustou com a espingarda, os soluços passaram imediatamente e ele não precisou mais do copo d'água.

92. 1, C; 2, J; 3, D; 4, E; 5, H; 6, F; 7, B; 8, I; 9, A; 10, G

93. 1. "À vista". Para decifrar a mensagem você deve identificar, na segunda linha, as letras que diferem da primeira.

2. "Bom dia, vida". Para decifrar a mensagem você deve ler apenas a terceira e a quarta letras de cada grupo.

94. Código – substituições: 1=I, 3=E, 4=A.

Mensagem decodificada: SE VOCÊ CONSEGUE LER ESTA MENSAGEM, ISSO SIGNIFICA QUE VOCÊ É PLENAMENTE CAPAZ DE DECODIFICAR E ENTENDER CÓDIGOS DE FORMA ESPONTÂNEA. SE VOCÊ CHEGOU ATÉ AQUI, NÃO HÁ DÚVIDAS DE QUE VOCË CONSEGUIU.

PARABÉNS!!

95. 1. Mangueira; 2. Pilha; 3. Cabeça; 4. Partir; 5. Tocar; 6. Papel; 7. Bala; 8. Pena

96. 1. Soltar pipa (Soltar-pi-pá)

2. Soldado (Sol-dado)

3. No carro forte (Nó-carro-forte)

97. 1. A opção correta é D. Se o relógio vai marcar 9:21h em 15 minutos, isso significa que, nesse momento, ele está marcando 9:06h; mas, como ele está 5 minutos adiantado, a hora certa é 9:01h. Portanto, 10 minutos atrás, a hora certa era 8:51h; 2. O relógio marcava 12:15h quando ela chegou.

98.

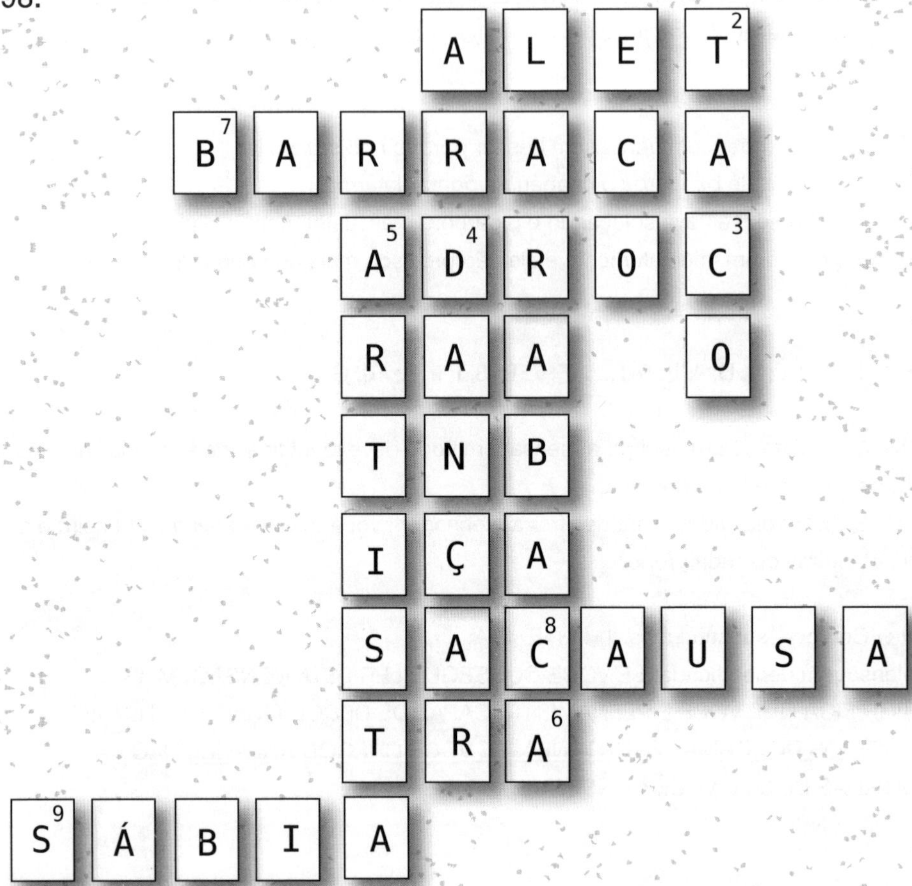

99. Cada peça representa um número de dois dígitos. A peça de cima multiplicada pela peça de baixo tem como resultado a peça depois da seta. Desta forma, temos: 2 x 3 = 6; 12 x 2 = 24, 15 x 3 = 45... E, por fim, 11 x 2 = 22. O ponto de interrogação, então, é o duplo dois.

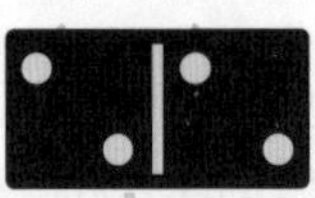

100. Deve ser uma linha reta na horizontal superior do quadrado. Se você observar bem, as figuras da primeira coluna são o resultado da sobreposição das figuras da segunda e terceira colunas.

101. 1. Alunos, estudantes; 2. Comensais, clientes; 3. Tripulação; 4. Fiéis, devotos; 5. Lotação; 6. Habitantes, moradores; 7. Adversários, jogadores, concorrentes; 8. Coral.

102. 1. Amarelo; 2. Melancia; 3. Outrora; 4. Maravilha; 5. Lucidez; 6. Terceiro; 7. Capital

103. As expressões que devem ser marcadas são: 5, 7, 9, 11, 13, 14, 16, 18, 21 e 23.

104. 1. Comer, comilão, comida; 2. Voar, voador, voo; 3. Tocar, tocador, toque; 4. Amar, amado, amante; 5. Pintar, pintado, pintura; 6. Enrugar, enrugado, ruga; 7. Fugir, fujão, fuga; 8. Arredondar, arredondado, redondo; 9. Alargar, alargado, largo/longo; 10. Amarelar, amarelado, amarelo.

105. Várias possibilidades. Por exemplo: Digital, talco, comida, dadiva, vacina, navegar, garrafa, faminto, toque, quebra, Brasil, silvestre, trecho, choro, rótulo.

106. 1. Equipe robusta = Ebusta roquipe; 2. Comida saudável = Codável saumida; 3. Ernesto Gonçalves = Erçalves Gonnesto; 4. Chutar o balde = Baltar o chude; 5. Limpamos cristais = Limtais crispamos. 6. Acabou o verão = Arão o vecabou; 7. Esforço inútil = Esnútil iforço. 8. Pedimos desculpas = Peculpas desdimos.

107. Autocorreção.

108. A) 1 e 3; B) 1 e 3; C) 2 e 3; D) 3 e 4; E) 1 e 4

109. Considerar, pensar, meditar, observar, calcular, memorizar, fantasiar, contemplar, raciocinar, saber, imaginar, entender, compreender, acreditar, definir, desejar, ansiar, recordar.

110. 1. Opção 6: baguete. Os demais são cientistas: 1. Galileu; 2. Newton; 3. Einstein; 4. Darwin; 5. Edison, 7. Pasteur • 2. Opção 3: tulipa. Os demais são compositores clássicos: 1. Mozart; 2. Bach; 4. Chopin; 5. Wagner; 6. Beethoven; 7-Schubert

111. Cara amiga, Há muito tempo queria te escrever, mas nunca encontro tempo. Já faz mais de um ano desde a última vez que nos vimos. As crianças sempre perguntam por você. Como você está? Tudo bem? Nós, como sempre, muito ocupados e com muito trabalho. Alfredo vai se mudar no ano que vem para estudar em São Paulo. Andreia está ótima, excelente aluna como sempre. E seus filhos, como estão? Quando o Júlio vai se casar, afinal? E seu marido, ainda trabalhando muito? Bem, querida, espero que nos encontremos em breve. Por que vocês não vêm passar um fim de semana em Santos? Seria um prazer recebê-los em nossa casa.
Muitos beijos a todos, Glória.

112. Opção 6.

113. 1, 2, 4, 5, 6 e 8.

114. 1. Contador, mostrador, matador, educador; 2. Picadeiro, dinheiro, sapateiro, gaveteiro; 3. Rotina, medicina, insulina, surdina; 4. Insidioso/a, religioso/a, vertiginoso/a, frondoso/a.

115. Autocorreção.

116. Dei a ele 30 ~~ramais~~ reais para comprar ~~cão~~ pão, leite, queijo e um pouco de ~~besunto~~ presunto. Mas, quando ele voltou da ~~lataria~~ padaria, me ~~disque~~ disse que havia esquecido o leite. Eu não sei o que está ~~apetecendo~~ acontecendo, mas ultimamente ele ~~branda~~ anda muito distraído. Eu acho que ele está ~~abandonado~~ apaixonado. À noite, ele ~~dica~~ fica até tarde ~~cercado~~ sentado no computador. O ~~desdenho~~ desempenho dele na escola também não está muito bom. ~~Potro~~ Outro dia seu ~~compressor~~ professor me ligou e disse que ele havia brigado com um ~~sonega~~ colega de ~~urna~~ turma. A verdade é que isso me ~~garupa~~ preocupa. Você acha que devemos consultar um ~~geólogo~~ psicólogo?

117. Múltiplas respostas, por exemplo:
Cristal: metal, animal, oficial, natural, geral, especial, total, hospital, normal, original. **Madeira:** coceira, cafeteira, cadeira, traseira, besteira, escudeira, barreira, roseira, porteira, chuteira. **Papel:** anel, hotel, coronel, pastel, bordel, cartel, tonel, cruel, painel, aluguel. **Pedra:** guerra, serra, terra, erra, aterra, medra, ladra, cátedra, queda, moeda. **Ferro:** berro, mero, emperro, aterro, bolero, encerro, severo, enterro, aferro, zero.

118. Abdome, admite, admito, adobe, adote, adotem, âmbito, amido, bate, batido, bato, boda, bode, bota, bote, botei, dado, date, dato, debatido, debato, debita, debitam, débito, dedo, deita, deitam, demita, demito, diabo, dieta, ditame, doma, dota, idade, editado, edito, embota, emita, emito, ideado, item, mate, média, mediado, mediato, medida, médio, medita, meditado, meta, meti, metida, meto, medo, meio, mito, moda, mota, mote, obtém, obtida, odeia, omita, omite, tédio, teia, tema, teme, temi, temia, temida, temo, teima, teimo, timão, time, timo, toda, toma, tomba, tome, tomei.

119. 1, B, 7; 2, A, 4; 3, C, 5; 4, J, 10; 5, I, 6; 6, K, 8; 7, H, 11; 8, L, 12; 9, G, 9; 10, D, 3; 11, F, 2; 12, E, 1

120. **Cavalo:** Domar, relinchar, cavalgar, galopar, trotar. **Cozinha:** Fritar, ferver, macerar, amassar, temperar. **Matemática:** Adicionar, subtrair, calcular, derivar, formular. **Jardinagem:** Plantar, fertilizar, regar, podar, capinar. **Estudo:** Ler, revisar, resumir, sublinhar, memorizar. **Canção:** Entoar, cantarolar, afinar, interpretar, assobiar. **Carpinteiro:** Serrar, encaixar, colar, escovar, lixar.

121. 1 b): Ele estava caminhando pela ~~rúa~~ rua principal quando de repente parou para olhar uma ~~vitrinhe~~ vitrine que chamou sua ~~atençao~~ atenção. 2 c): Ele prefere tomar café com açúcar em ~~ves~~ vez de adoçante. 3 a): Ela chegou ~~as~~ às três da tarde, com calor e muito ~~cansado~~ cansada. 4 a): Você tem que organizar (,) todos ~~esse~~ esses arquivos antes do meio-dia. 5 b): ~~Voce~~ Você tem que ter muito cuidado ~~por que~~ porque isso é ~~perigosicímo~~ perigosíssimo! 6 a): ~~Senão~~ Se não cometeu nenhum erro, eu vou ~~le~~ te/lhe comprar um sorvete.

122. 1. Todo; 2. Ponta; 3. Condutor; 4. Giro; 5. Vela; 6. Visão

123. 1. Duas vezes: Javier toca sax **contralto**, mas quando o **contra**baixo **to**ca, eu vou às nuvens; 2. Uma vez: Ele estava muito bravo, avançando contra tudo e **contra** **to**dos; 3. Uma vez: Ele teve uma infecção que **con**tagiou seu **trato** urinário; 4. Quatro vezes: Ela **contrato**u um advogado para que, **contra**riando **to**das as probabilidades, ela pudesse reaver as **con**dições que inicialmente **trato**u de incluir em seu **contrato**; 5. Uma vez: Nunca faço negócios com **contra**ven**to**res; 6. Três vezes: O Sr. Vas**con**celos **trato**u de me convencer a assinar o documento **contra** **To**más, mas eu o **contra**riei de imedia**to**; 7. Uma vez: É tarde e en**contra**mos **to**dos ainda dormindo; 8. Duas vezes: Ele foi passear no calçadão, **con**fiou no **trajeto**, mas en**con**trou **trato**res bloqueando seu caminho; 9. Uma vez: Esse tipo de **con**duta revela um **tra**ns**to**rno grave; 10. Duas Vezes: **Con**sagrado **tra**du**to**r, **Con**rado re**tra**ta fielmente a emoção do **to**do.

124. Autocorreção.

125. MADRE, PADRE, PARTE, PARTA, CARTA, CARMA, CALMA, PALMA, PALHA, PILHA, FILHA, FILHO.

126.

———————	3:45	———————	12:20
— — —	5:30	— — —	9:05
• • • • • • • • •	11:10	• • • • • • • • •	6:55

127. Autocorreção.

128.

129.

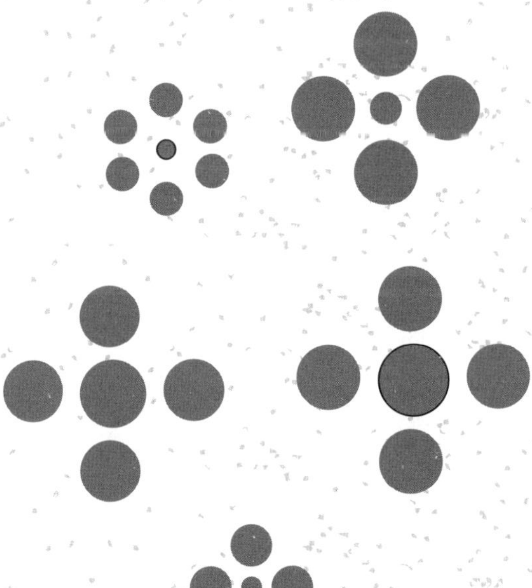

130.

131. Autocorreção.

132. Autocorreção.

133. 1. Naufrágio do Titanic
2. Grande Depressão
3. II Guerra Mundial
4. Bombardeio de Hiroshima
5. Assassinato de John F. Kennedy
6. Primeiro homem na Lua
7. Acidente do Challenger
8. Acidente de Chernobil
9. Queda do muro de Berlim
10. Ataque às Torres Gêmeas

134.

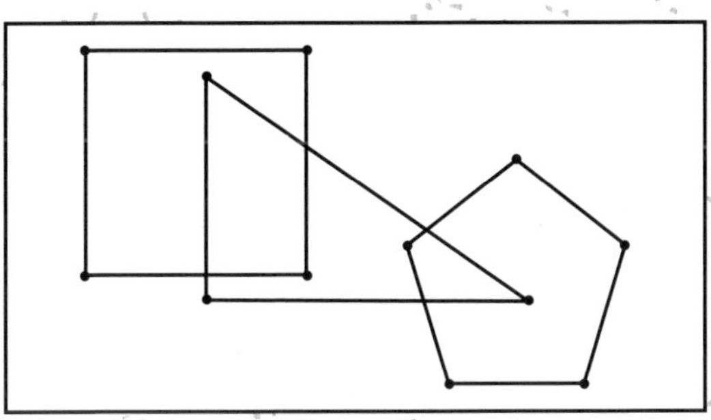

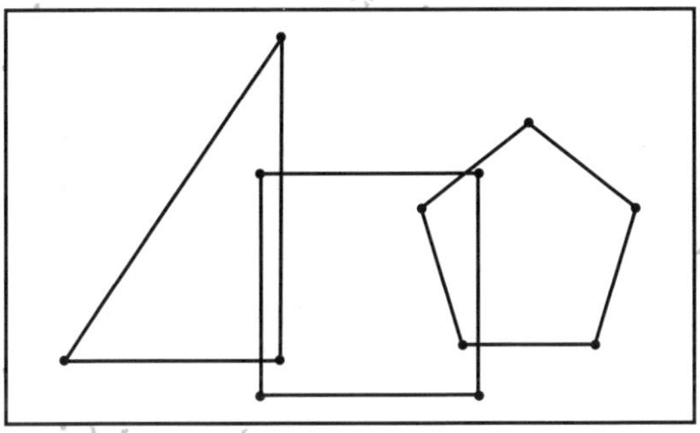

135. Autocorreção.

136.

137.

138. Autocorreção.

139.

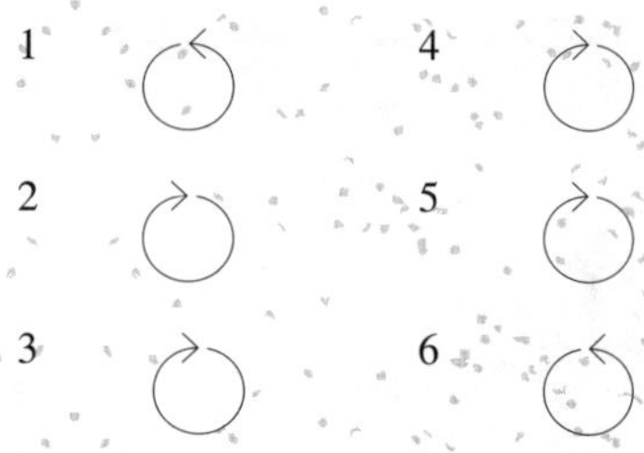

140. 6. Conhecer muito bem o mercado ao qual se destina o produto.
2. Coletar informações antes e durante a reunião com o cliente.
7. Demonstrar o potencial do produto.
4. Mostrar e permitir testar o produto.
1. Vender o produto.
5. Agradecer a compra e fazer um acompanhamento pós-venda adequado.
3. Certificar-se de que o cliente está satisfeito e pedir possíveis indicações.

141. Correspondem às fotografias 3 e 9.

142. Autocorreção.

143.

144. 1. 5 retículas diferentes.
2. 4 retículas diferentes.
3. 6 retículas diferentes.

145. A, 6; B, 2; C, 7; D, 10; E, 12.

146. Autocorreção.

147.

148. 5, 3, 4, 6, 1, 2

149.

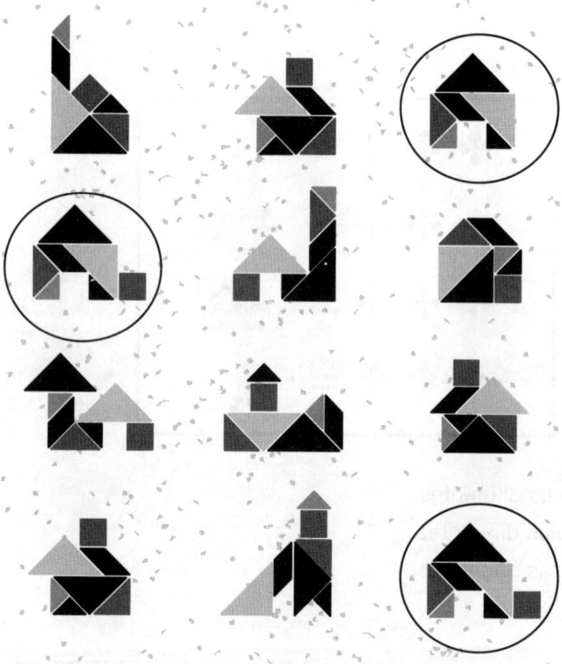

150.

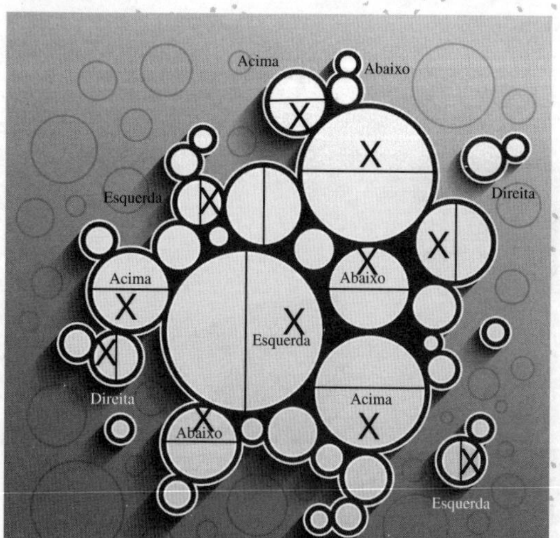

Coleção Exercite a sua mente

- *Treine sua mente – Exercite suas habilidades mentais*
- *Treine sua mente – Exercícios para memória*

EDITORA VOZES LTDA.
Rua Frei Luís, 100 – Centro – Cep 25689-900 – Petrópolis, RJ
Tel.: (24) 2233-9000 – E-mail: vendas@vozes.com.br